Meher Baba, Oil on Canvas, 2016

유와 무

THE EVERYTHING AND THE NOTHING

메허 바바

The Everything and The Nothing

유 와 무

"The Everything and The Nothing" Copyright © 1989 Avatar Meher Baba Perpetual Public Charitable Trust, Ahmednagar, India

"The Everything and The Nothing" Korean translation Copyright © 2017 by Avatar Meher Baba Perpetual Public Charitable Trust, Ahmednagar, India
〈유와 무〉의 한국어판 저작권은 인도 아메드나가르의 '아바타 메허바바 영구 공익재단'에 있습니다.

Copyright © MSI Collection : 5, 18, 31, 74, 82, 93, 113, 116, 117, 129, 142, 165, 168, 169, 179, 192, 193, 265, 270, 271 페이지 사진

Copyright © Meher Nazar Publications : 3, 26, 27, 30, 56, 57, 60, 75, 83, 102 ,103, 106, 112, 143, 157, 164, 175, 178, 184, 185, 189, 218, 219, 227, 240, 241, 247, 252, 257, 264, 274, 287, 299, 305, 328 페이지 사진

Copyright © Meher Nazar Publications : 앞표지 메허 바바 옆모습 사진
Copyright © Homyar J. Mistry – Homz : 뒤표지 메허 바바 사마디 사진

발행일 2017년 12월 25일

말 씀 메허 바바
옮긴이 Chai Gatewalla(Mark Choi), 김은희
디자인 김철성
펴낸곳 존재의 향기
주 소 경기도 광주시 초월읍 현산로99. 102-502
전 화 031-8028-7652
등록일 2004.7.30. 제2015-19

ISBN 978-89-955593-8-3

유와 무

메허 바바

한국어판 서문

메허 바바의 가르침은 오랜 시간 한국땅에 들어오지 않다가 이번 기회에 소개되게 되었습니다. 이 책 〈유와 무〉는 메허 바바가 제자들에게 손동작을 통해 영어로 전하신 가르침을 엮어 1963년 영문으로 처음 출간되었습니다. 한국어판 〈유와 무〉에는 그 영어 원문이 함께 실려있고, 원서에는 없는 사진들이 추가되었습니다.

우리 번역팀은 영어 원문의 의미를 한글로 최대한 정밀하게 풀어내려고 하였습니다. 어떤 면에서는 전혀 새로운 내용을 담고 있는 그분의 가르침이 원 뜻에 충실하면서도, 한국어로 자연스럽게 표현되도록 번역팀은 한 줄 한 줄, 한 단어 한 단어 장시간의 토론을 거쳤습니다. 때로는 첨예한 논쟁의 순간들 속에서도 메허 바바의 영적 메시지를 한국어로 풀어내기 위한 최선의 방법을 모색하였습니다. 가급적 현존하는 한국어를 사용하되 기존에 없던 새로운 개념의 단어는 그 뜻에 적합한 단어를 만들어서 사용하였습니다. 이런 새로운 용어의 대부분은, 책 뒤편의 '용어사전'에 나와 있습니다.

메허 바바의 가르침에서는 'NOTHING : Nothing : nothing'이나 'Goal : goal'처럼 영문 대문자와 소문자 표기에 의해 뜻이 명백히 구분되는 경우가 있습니다. 이런 단어는 한글 바로 옆에 영문을 표기했으므로, 영문 철자를 보고 이해하시면 됩니다. 이처럼 대문자와 소문자의 뜻이 구분되는 단어는 '용어사전'에도 설명되어 있습니다.

또한 메허 바바의 책들은 한 문장의 길이가 긴 경우가 비교적 많습니다. 번역시에 가능하면 문장을 분리시키지 않으려고 했지만, 뜻 전달의 명료성을 위해 문장을 나눈 경우가 있습니다. 이런 문장들 중에, 분리된 문장의 일부만 가지고 차후에 누군가 인용하여 쓸 때 문제가 발생할 수도 있는 문장은 ; (세미콜론, 쌍반점)을 찍어 표시하였습니다. 즉, 분리된 두 문장의 사이에 세미콜론을 넣어 표시하였습니다. 메허 바바의 영어 원문에서도, 정확한 의미전달상 분리시키면 안 되는 문장들은 세미콜론을 사용하여 연결시킵니다. 예를 들면, 이 책 50장 첫 문단의 "One we name REALITY or GOD; Many we name ILLUSION or CREATION."과 같은 문장입니다. 즉 이 책에 ;(세미콜론)이 나올 때는, 세미콜론 앞뒤의 문장이 원문상으로는 한 문장이었지만 번역하면서 분리시킨 경우와 원문 자체에 세미콜론이 나오는 경우, 두 가지입니다. 이 두 가지 중 어떤 경우인지를 알고 싶으시면, 본문 왼편의 원문을 확인하시면 됩니다.

메허 바바의 가르침에 관심이 있으시거나, 이 책의 번역에 대해 좋은 의견이 있으신 분은 아래의 주소를 방문하여 주십시오. 여러분의 열린 가슴과 사랑을 기다립니다.

메허 바바 한국 공식 사이트
meherbabakorea.co.kr

2017년 11월 2일
메허 바바 한국어 번역팀

Biographical

Merwan S. Irani, named Meher Baba ("The Compassionate One") by His early disciples, was born in 1894 in Poona, India. Between the years of 1913 and 1921, the five Perfect Masters, or Sadgurus, of that time led Him to realize His identity and universal mission as the Avatar of the Age – the God-Man, the Buddha, the Christ. After working intensively with an intimate group of disciples for some years, Baba began to observe silence in 1925, and throughout the more than four decades of His spiritual activities on Earth, He did not utter a word. From His work in India and the East with the mad, infirm, and poor and with spiritually advanced souls to His contact with thousands of people in the West, Meher Baba has awakened innumerable persons to the quest for higher consciousness and their own ultimate reality.

Throughout the years, Meher Baba indicated that the breaking of His Silence would come in a way and at a time that no one could imagine, and that His "speaking the Word" after the appearance of utter defeat would be His

메허 바바의 생애

초기의 제자들로부터 '메허 바바'(자비로운 아버지)라는 이름으로 불리게 된 메르완 이라니(Merwan S. Irani)는, 1894년 인도의 푸나에서 태어났다. 1913 ~ 1921년의 기간에 당시의 5명의 완벽한 스승들, 즉 삿구루들은 아바타(Avatar) – 갓맨, 붓다, 그리스도 – 로서의 그의 정체성과 우주적인 임무를 깨닫도록 인도하였다. 바바는 친밀한 제자들로 이루어진 작은 그룹과 몇 년간 집중적인 작업을 한 뒤 1925년부터 침묵을 지키기 시작했으며, 지구에서 영적 작업을 하는 40년이 넘는 동안 단 한마디의 말도 하지 않았다. 그는 인도와 동양에서 미친 사람들과 병약자들, 가난한 사람들과 영적으로 진보된 영혼들을 만나며, 또한 서양에서 수천의 사람들을 접촉하며 무수히 많은 이들이 더높은 의식과 그들 내면의 궁극적인 실재를 추구하도록 일깨웠다.

메허 바바는 그 누구도 상상할 수 없는 시간에, 누구도 상상할 수 없는 방식으로 그의 침묵이 깨질 것이라고 수 년에 걸쳐 밝혔으며, 완전한 패배로 보이는 모습 이후에 발언될 '그 한 마디'는 신이 인간의 형태로 온 이번의 화신으로서 행하는 유일한 기적이 될 것이라고 얘기하였다; "내가 나의 침묵을 깨는 순간, 그 충격은 영적인 혼수상태에 잠겨있던 세계를 갑자기 뒤흔들어 깨울 것이며… 내가 나의 침묵을 깨는 순간, 이전에는 결코 일어난 적 없었던 일들이 벌어질 것

only miracle in this incarnation as God in human form: "When I break My Silence, the impact will jolt the world out of its spiritual lethargy. . . What will happen when I break My Silence is what has never happened before. . . The breaking of My Silence will reveal to man the universal Oneness of God, which will bring about the universal brotherhood of man."

Declaring that His work had been completed 100% to His satisfaction and that the results of that work would soon begin to manifest, Meher Baba dropped his body on January 31st, 1969.

이다… '나의 침묵의 타파'는 우주적인 하나됨을 인류에게 드러낼 것이며, 인류의 우주적 형제애를 불러올 것이다."

메허 바바는 '그의 작업이 100% 만족스럽게 완료됐으며, 머지 않아 그 일의 결과들이 드러날 것'이라고 선언했다. 그리고 1969년 1월 31일, 자신의 육신을 버리셨다.

목차

한국어판 서문	6p
메허 바바의 생애	9p
1 - 러버(Lover)와 비러벳(Beloved)	17p
2 - 와인과 사랑	21p
3 - 사랑의 단계들	25p
4 - 사랑의 선물들	29p
5 - 이성에 대한 사랑과 신에 대한 사랑	33p
6 - 신은 낯선 손님을 수줍어한다	35p
7 - 완전한 정직함	37p
8 - 머리도 발도 없는 존재가 되어라	41p
9 - 오고 감 없는 여행	43p
10 - 의심 많고 캐묻기 좋아하는 사람	47p
11 - 세 가지의 값싼 영적 체험들	49p
12 - 세 종류의 구도자	53p
13 - 구하지 말라. 그러면 찾을 것이다.	59p
14 - 신의 추구	63p
15 - 진주를 캐는 잠수부	65p
16 - 네 가지 영적 여행	69p

17 - 와인 상인	79p
18 - 샷구루야말로 무한한 이다	85p
19 - 신성한 허위	95p
20 - 곤경	97p
21 - 지식의 전달	99p
22 - 지식의 세 종류	105p
23 - 소개	109p
24 - 사하바스의 명언들	111p
25 - 현존을 놓치지 마라	115p
26 - 내가 원하는 것을 원하라	119p
27 - 그대가 바치는 복종의 선물	123p
28 - 신성적 반응	125p
29 - 의심 많은 마음	131p
30 - '깨어있는 꿈의 상태'에서 '참된 깨어남의 상태'로	145p
31 - 나는 무한한 의식이다	159p
32 - 나는 노래다	161p
33 - 무한한 지식	163p
34 - 우주적 신체	167p
35 - 찰나에 모든 것을 앎	171p
36 - 앎과 무시	173p
37 - 나의 뜻과 그대의 걱정	177p

38 - 내 가슴을 무겁게 하는 농담	181p
39 - 지식, 목적들, 의미, 고통	183p
40 - 마야는 마술사다	187p
41 - 실재와 환상의 교차로에서	191p
42 - 내 고개만 끄덕여도	195p
43 - 신성적 놀이의 장난감들	199p
44 - 오직 신만이 있다	203p
45 - 대격변	213p
46 - 기억되면서도 잊혀진 그이	215p
47 - 유일한 질문과 그 해답	217p
48 - 신성의 비율	221p
49 - 파라마트마 안의 무한한 아트마들	223p
50 - 하나(1)와 공(0)	229p
51 - 하나뿐인 본래의 실재 참무	233p
52 - 천지창조의 행진	239p
53 - 물질주의의 꿈	243p
54 - 지금, 이 순간	249p
55 - 있음	251p
56 - 무한한 개체성이 나뉠 수 없는 하나임을 행사한다	255p
57 - 신의 세 가지 상태	259p
58 - 진실은 신의 것, 법은 환상의 것	263p

59 - 지식, 파워, 지복의 그림자들	267p
60 - 이 세상은 감옥이다	269p
61 - 무한한 존재의 무목적성	273p
62 - 정신적 의식	277p
63 - 아바타의 작업	289p
64 - 용서하고 잊어버려라	301p
65 - 인간화된 무지	307p
영문판(원문) 소개글	311p
용어사전	318p

1

The Lover and the Beloved

God is Love. And Love must love. And to love there must be a Beloved. But since God is Existence infinite and eternal there is no one for Him to love but Himself. And in order to love Himself He must imagine Himself as the Beloved whom He as the Lover imagines He loves.

Beloved and Lover implies separation. And separation creates longing; and longing causes search. And the wider and the more intense the search the greater the separation and the more terrible the longing.

When longing is most intense separation is complete, and the purpose of separation, which was that Love might experience itself as Lover and Beloved, is fulfilled; and union follows. And when union is attained, the Lover knows that he himself was all along the Beloved whom he loved and desired union with; and that all the impossible situations that he overcame were obstacles which he himself had

1
러버와 비러벳

신은 사랑이다. 사랑은 사랑해야만 한다. 그리고 사랑하기 위해서는 사랑의 대상인 '사랑받는 이'가 있어야 한다. 그러나 신은 무한하고 영원한 존재이기 때문에 자기 자신 외에는 사랑할 사람이 없다. 따라서 신은 자신을 사랑하기 위해서, 러버*(Lover)로서의 그 자신이 사랑한다고 상상하는 비러벳*(Beloved)으로 자신을 상상해야만 한다.

'사랑하는 이'(Lover)와 '그 사랑을 받는 이'(Beloved)라고 할 때, 여기에는 분리됨이 암시된다. 분리는 갈망을 일으킨다. 갈망은 찾음(추구)을 야기한다. 찾음이 더 강렬하고 광대해질수록 분리됨도 커져가고, 갈망도 더 극심해져간다.

갈망이 최고도로 강렬해질 때, 분리됨은 완료된다; 분리됨의 목적은 사랑이 러버와 비러벳으로 나뉘어 사랑 그 자체를 체험하는 것으로서, 이 사랑이 충족되면 그 뒤 합일이 따른다. 합일을 이룰 때, 러버는 여태껏 자신이 사랑하고 합일되기를 갈망해왔던 비러벳이 줄곧 자기 자신이었다는 사실을 알게 된다; 그리고 지금까지 자신이 극복해왔던 온갖 불가능한 상황들은 자신으로 향하는 영적 경로 위에 스스로 놓아둔 장애물이었음을 알게 된다.

placed in the path to himself.

To attain union is so impossibly difficult because it is impossible to become what you already are! Union is nothing other than knowledge of oneself as the Only One.

이러한 합일을 이루는 것이 불가능할 정도로 힘든 이유는, 이미 자신인 그대가 자신이 되려고 하는 것이 불가능하기 때문이다! 합일이란, 자신이 '그 유일한 하나'(the Only One)임을 아는 것에 다름 아니다.

역자 주

*러버(Lover) – 사랑하는 이, 사랑의 주체, 신을 간절히 사랑하는 사람. 신(神)을 비러벳님(Beloved)으로 여겨 연인처럼 간절하게 사랑하는 사람.

*비러벳(Beloved) – 사랑받는 이, 러버가 사랑하는 대상, 러버의 간절한 사랑을 받는 이. 보통 신이나 스승(마스터)이 비러벳이 된다.

2

Wine and Love

The Sufi Master-poets often compare love with wine. Wine is the most fitting figure for love because both intoxicate. But while wine causes self-forgetfulness, love leads to Self-realization.

The behaviour of the drunkard and the lover are similar; each disregards the world's standards of conduct and each is indifferent to the opinion of the world. But there are worlds of difference between the course and the goal of the two: the one leads to subterranean darkness and denial; the other gives wings to the soul for its flight to freedom.

The drunkenness of the drunkard begins with a glass of wine which elates his spirit and loosens his affections and gives him a new view of life that promises a forgetfulness from his daily worries. He goes on from a glass to two glasses, to a bottle; from companionship to isolation, from forgetfulness to oblivion— oblivion, which in Reality, is the

2
와인과 사랑

고대의 위대한 수피 시인들(Sufi Master-Poets)은 흔히들 사랑을 와인(술)에 비교한다. 와인이 사랑의 가장 적절한 비유가 된 이유는, 둘 다 사람을 취하게 만들기 때문이다. 그러나 와인은 부주의한 자기망각을 일으키는 반면, 사랑은 참나를 깨닫도록 인도한다.

주정뱅이와 러버(lover)의 행동은 비슷하다. 둘 다 사회적 기준을 무시하며, 남의 의견에도 무관심하다. 그러나 그 둘의 목표와 과정에는 엄청난 차이가 있다. 하나는 심중에 어두움과 부정을 가져오며, 다른 하나는 영혼이 자유로이 날 수 있게 날개를 달아준다.

주정뱅이의 취기는 한 잔의 술로 시작하여 그의 흥을 북돋우고 마음을 느슨하게 해주며, 삶의 온갖 걱정거리들이 잊혀질 거라고 기약하는 새로운 인생관을 제시한다. 그는 한 잔으로 시작해서 두 잔, 두 잔에서 한 병으로 이어간다. 그는 함께함에서 고립의 상태로, 건망증에서 망각의 상태로 간다. ─ 실재 안에서의 망각은 신의 원래 상태(Original State of God)이지만, 주정뱅이의 취함은 텅빈 어리석음에 불과하다. ─ 그리고 그는 침대든 길바닥이든 아무데서나 잔다. 공허한 아침을 맞이하는 그는, 세상 사람들의 비난과 놀림의 대상이

Original State of God, but which, with the drunkard, is an empty stupor—and he sleeps in a bed or a gutter. And he awakens in a dawn of futility, an object of disgust and ridicule to the world.

The lover's drunkenness begins with a drop of God's love which makes him forget the world. The more he drinks the closer he draws to his Beloved, and the more unworthy he feels of the Beloved's love; and he longs to sacrifice his very life at his Beloved's feet. He, too, does not know whether he sleeps on a bed or in a gutter, and becomes an object of ridicule to the world; but he rests in bliss, and God the Beloved takes care of his body and neither the elements nor disease can touch it.

One out of many such lovers sees God face to face. His longing becomes infinite; he is like a fish thrown up on the beach, leaping and squirming to regain the ocean. He sees God everywhere and in everything, but he cannot find the gate of union. The Wine that he drinks turns into Fire in which he continuously burns in blissful agony. And the Fire eventually becomes the Ocean of Infinite Consciousness in which he drowns.

된다.

　러버의 취함은 한 방울의 신의 사랑에서 시작되어, 결국 그로 하여금 세상을 잊게 한다. 신성한 사랑을 마시면 마실수록 그는 비러벳(Beloved)에게 가까이 다가가며, 다가가면 갈수록 비러벳의 사랑을 받고있는 자신의 부족함을 절실하게 느끼게 된다. 그리고 그는 비러벳의 발 아래 자신의 생명을 바치고픈 갈망이 생긴다. 러버 역시 주정뱅이처럼 침대에서 자든, 길바닥에서 자든 관심이 없다. 세상 사람들의 놀림감이 되는 것에도 신경쓰지 않는다. 다만 그는 지복(Bliss) 안에서 평안히 쉬며, 비러벳인 신은 병이나 재난으로부터 그의 몸을 보호하고 돌봐주신다.

　이렇듯 수많은 러버들 가운데 한 사람 정도가 신의 얼굴을 대면하게 된다. 그의 갈망은 무한해진다. 그는 바다로 되돌아가려고 이리 튀고 저리 튀는 물고기와 같다. 어디를 보건 무엇을 보건 그의 눈에는 신밖에 보이질 않지만, 합일의 문(gate of union)은 찾을 수가 없다. 그가 마시는 와인은 불로 변하여, 그를 계속되는 지복의 고통(blissful agony) 속에서 태운다. 그 불은 결국 무한한 의식의 바다(Ocean of Infinite Consciousness)가 되고, 러버는 그 속에 빠져 죽고 만다.

3

Stages of Love

When lust goes love appears; and out of love comes longing. In love there can never be satisfaction, for longing increases till it becomes an agony which ceases only in union. Nothing but union with the Beloved can satisfy the lover.

The way of love is a continual sacrifice; and what gets sacrificed are the lover's thoughts of 'I', until at last comes the time when the lover says, 'O Beloved! Will I ever become one with you and so lose myself forever? But let this be only if it is your will.' This is the stage of love enlightened by obedience.

Now the lover continuously witnesses the glory of the Beloved's will; and in the witnessing does not even think of union. He willingly surrenders his entire being to the Beloved, and has no thought of self left. This is the stage when love is illumined by surrender.

Out of millions, only one loves God; and out of millions

3
사랑의 단계들

육욕(lust)이 사라질 때 사랑이 드러나고, 그 사랑으로부터 갈망이 생겨난다. 사랑 안에는 결코 만족이란 없으며, 이는 커져만 가는 갈망이 극도의 괴로움이 되어 오직 합일을 이룰 때에만 그치기 때문이다. 러버(lover)가 만족할 수 있는 길은 오직 비러벳(Beloved)과의 합일뿐이다.

사랑의 길은 지속적인 희생의 길이다. 희생되는 것은 러버의 '나'라는 생각이다. 이 희생은 '오 비러벳이여! 나라는 것이 언제 영원히 사라져 당신과 하나될 날이 올까요? 하지만 만일 그대의 뜻이 이와 다르다면, 바라지 않겠나이다.'라고 간청할 때까지 계속된다. 이것은 사랑이 복종(obedience)에 의해 일깨워진 단계다.

이 단계에 도달한 러버는 오직 비러벳의 뜻이 펼쳐지는 영광을 지속적으로 목격하게 된다. 이 동안은 합일에 대한 생각조차 없다. 그는 기꺼이 자신의 전부를 비러벳에게 바치며, 그에게는 자신에 대한 일말의 생각조차 남지 않는다. 이것은 사랑이 항복(surrender)에 의해 일깨워진 단계다.

신을 사랑하는 이는 수백만 중 단 하나다. 신을 사랑하는 수백만

of lovers, only one succeeds in obeying, and, finally, in surrendering his whole being to God the Beloved.

I am God personified. You who have the chance of being in my living presence are fortunate and blessed.

의 러버들 중에서도 오직 한 명만이 신에게 복종하여, 마침내 자신의 온존재를 비러벳인 신에게 바치는(항복하는) 데에 성공한다.

나는 인간으로 형상화된 신(God personified)이다. 나의 '살아있는 임재'(living presence)와 함께 할 기회를 얻은 그대들이야말로 축복받은 행운아들이다.

4

Gifts of Love

Love is a gift from God to man.
Obedience is a gift from Master to man.
Surrender is a gift from man to Master.

One who loves desires the will of the Beloved.
One who obeys does the will of the Beloved.
One who surrenders knows nothing but the will of the Beloved.

Love seeks union with the Beloved.
Obedience seeks the pleasure of the Beloved.
Surrender seeks nothing.

One who loves is the lover of the Beloved.
One who obeys is the beloved of the Beloved.
One who surrenders has no existence other than the Beloved.

4
사랑의 선물들

사랑은 신(God)이 인간(man)에게 주는 선물이다.
복종(obedience)은 스승(Master)이 인간에게 주는 선물이다.
항복(surrender)은 인간이 스승에게 주는 선물이다.

사랑하는 이는 비러벳(Beloved)의 뜻이 펼쳐짐을 기원한다.
복종하는 이는 비러벳의 뜻을 이행한다.
항복하는 이는 비러벳의 뜻 외에는 아무것도 모른다.

사랑은 비러벳과의 합일을 추구한다.
복종은 비러벳의 행복을 추구한다.
항복은 그 무엇도 추구하지 않는다.

사랑하는 이는 비러벳의 러버다.
복종하는 이는 비러벳의 비러벳이다.
항복하는 이에게는 비러벳 외의 그 어떤 존재도 없다.

Greater than love is obedience.

Greater than obedience is surrender.

All three arise out of, and remain contained in, the Ocean of divine Love.

사랑보다는 복종이 위대하다.
복종보다는 항복이 위대하다.
이 셋은 모두 신성한 사랑의 바다(Ocean of divine love)에서 솟아나, 늘 그 안에 담겨 있다.

5

Love of Woman and God

A man loves a woman who is living in a distant place. His love causes him to be thinking of her all the time; and he cannot eat and he cannot sleep. His thoughts are only on his separation from her and he continually longs for her. When this longing becomes too great, he either goes to her or he compels her to come to him. This is called Ishk-e-Mijazi or physical love.

To love God one should think of God, long for God and suffer the fire of separation until one's longing reaches its utmost limits, and God the Beloved comes to the lover and his thirst is quenched in union with God. This love is called Ishk-e-Haqqiqi, and is a gift from God.

But one who obeys the Master who is One with God, need not suffer these things, for in obedience is the Grace of the Master.

5

이성에 대한 사랑과 신에 대한 사랑

한 남자가 먼 곳에 사는 한 여자를 사랑한다. 그녀에 대한 사랑으로 인해 그는 항상 그녀를 생각하며, 먹을 수도 없고 잘 수조차 없다. 그는 오직 그녀와 떨어져 있다는 생각만 하며, 끊임없이 그녀를 갈망한다. 이 갈망이 너무 커지면, 그가 그녀에게 가든지 그녀를 그에게 오게 하든지 하나를 택하게 된다. 이러한 사랑을 이쉬키-미자지(Ishk-e-Mijazi) 또는 육체적 사랑이라고 한다.

신을 사랑하려면 신을 생각해야 하고, 신을 갈망해야 하며, 신과의 분리로 인한 고통의 불을 겪어야만 한다; 이것은 러버(lover)의 갈망이 절정에 달해 비러벳(Beloved)인 신이 그에게로 와서 신과의 합일을 통해 갈증을 충족시킬 때까지 계속된다. 이러한 사랑을 이쉬키-하키키(Ishk-e-Haqqiqi) 또는 신의 선물(gift from God)이라고 한다.

그러나 '신과 하나된(One with God)' 스승에게 복종하는 이는, 이러한 고통을 견딜 필요가 없다. 이것은 그 복종 안에 스승의 은총이 담겨 있기 때문이다.

6

God is Shy of Strangers

God exists. If you are convinced of God's existence then it rests with you to seek Him, to see Him and to realize Him.

Do not search for God outside of you. God can only be found within you, for His only abode is the heart.

But you have filled His abode with millions of strangers and He cannot enter, for He is shy of strangers. Unless you empty His abode of these millions of strangers you have filled it with, you will never find God.

These strangers are your age-old desires—your millions of wants. They are strangers to God because want is an expression of incompleteness and is fundamentally foreign to Him who is All- sufficient and wanting in nothing. Honesty in your dealings with others will clear the strangers out of your heart.

Then you will find Him, see Him and realize Him.

6
신은 낯선 손님을 수줍어한다

신은 존재한다. 그대가 신의 존재를 확신한다면, 신을 찾는 것은 그대에게 달린 일이다. 그분(Him)을 보고 깨닫는 것도 그대에게 달린 일이다.

그대 밖에서 신을 찾지 마라. 신의 유일한 집은 그대의 가슴(heart)이기에, 그대 안에서만 찾을 수 있다.

그러나 그대는 신의 거처인 그대의 가슴을 수백만의 낯선 손님들로 채웠다. 신은 낯선 이를 수줍어하기에 그대의 가슴 안에 들어올 수 없다. 이방인으로 가득한 그대의 가슴을 깨끗이 비우지 않는다면, 그대는 결코 신을 찾지 못할 것이다.

이 낯선 이들은 그대의 아주 오래된 욕망들, 그리고 수백만의 원함(wanting)들이다. 이들이 근본적으로 신에게 낯선 이유는, 신은 무엇도 원하지 않는 완전히 충분한(All-sufficient) 존재인 반면 원함은 불완전의 표현이기 때문이다. 그대가 다른 이들을 정직하게 대한다면, 가슴 속의 이방인들을 몰아내게 될 것이다.

그러면 그대는 그분(Him)을 찾게 되고, 보게 되고, 깨닫게 될 것이다.

7

Absolute Honesty

Absolute honesty is essential in one's search for God (Truth). The subtleties of the Path are finer than a hair. The least hypocrisy becomes a wave that washes one off the Path.

It is your false self that keeps you away from your true Self by every trick it knows. In the guise of honesty this self even deceives itself. For instance your self claims, I love Baba. The fact is, if you really loved Baba you would not be your false self making the self-asserting statement! The self, instead of being effaced in love, believes and asserts, I love Baba. Isn't that self- deception?

How will you get rid of this false self? How will you give up this shadowy I-am-ness and get established in the I-Alone-Am or God-Alone-Is state? Hafiz* has given the answer: Firaq-o-Wasl che khahi, reza-e-doost talab. (O Lover! Separation and Union are none of your business.

7
완전한 정직함

신(진실)을 찾는 자에게 완전한 정직함은 필수적인 요소이다. 영적 경로의 미묘함은 머리카락 한 올보다도 섬세하다. 티끌만큼의 위선조차도 영적 경로로부터 그를 휩쓸어가는 파도가 된다.

온갖 책략을 동원하여 그대의 참나(Self)와 그대 사이를 가로막는 것이 바로 거짓된 자아(false self)이다. '정직함'이란 가면을 쓰고 자기 자신조차 속이는 것이 바로 이 거짓된 자아이다. 예를 들어, 그대의 자아는 '나는 바바를 사랑해'라고 주장한다. 사실 그대가 만일 진심으로 바바를 사랑하면, 거짓된 자아로서의 이러한 자아-주장적인 선언을 하지 않을 것이다! 자아는 사랑 속에 소멸되는 대신, '나는 바바를 사랑해'라고 믿으며 주장한다. 이것이 자기기만이 아니고 무엇이겠는가?

그렇다면, 그대는 이 거짓된 자아를 어떻게 없앨 것인가? 이 그림자 같은 자아감(I-am-ness)을 어떻게 포기하고, '참나만이 있는 상태'(I-Alone-Am) 또는 '신만이 있는 상태'(God-Alone-Is)에 도달할 것인가? 고대의 시인 하피즈*(Hafiz)가 이 질문에 답하였다.

오 러버여! 신과의 분리나 합일은 그대의 일이 아니다.

Seek only to resign yourself to the Will of the Beloved.)

Firaq-o-Wasl che khahi, reza-e-doost talab.(O Lover! Separation and Union are none of your business. Seek only to resign yourself to the Will of the Beloved.)

Even the craving for union with the Beloved creates bindings. Therefore do not bother about separation or union; just love and love all the more. Then, as you love more and more you are able to resign yourself and your Path to the Perfect Master who is the Way; and you undergo a gradual change and your ego asserts itself less and less. Then whatever the Perfect Master tells you to do, you are able to carry out. In the beginning the mind grumbles, Why should I obey someone? But Hafiz consoles the mind by saying, Oh Mind! This bondage to the Master alone can give eternal Freedom.

The chosen ones of the Perfect Master obey Him implicitly. He who becomes the perfect 'slave' becomes a Perfect Master.

---

*Hafiz: A Persian poet who was a Perfect Master.

오직 신의 뜻에 귀의하는 것만을 추구하라.

신과의 합일을 염원하는 갈망마저도 '영적 구속들'(bindings)을 만든다. 그러므로 신과의 분리나 합일에 대해서는 신경쓰지 마라; 그저 사랑하고 더욱더 사랑하라; 그러다 보면, 길(the Way) 그 자체인 완벽한 스승(Perfect Master)에게 그대 자신과 영적 경로 모두를 내맡길 수 있게 된다; 이러한 점진적인 변화를 통해, 그대의 에고는 자신을 점점 덜 주장하게 된다. 이렇게 되면, 완벽한 스승이 그대에게 무엇을 시키든 그것을 이행할 수 있게 된다. 처음에 마음(mind)은 '내가 왜 누군가에게 복종해야 하지?'라고 투덜거린다. 그러나 하피즈는 이렇게 마음을 위로한다. "오 마음이여! 스승의 속박만이 그대에게 영원한 자유를 줄 수 있네."

완벽한 스승에게 선택된 이들은 그분(Him)에게 절대적으로 복종한다. '완벽한 노예'(perfect slave)가 되는 이가 '완벽한 스승'(Perfect Master)이 되는 것이다.

---

*하피즈 : 완벽한 스승이었던, 페르시아 시인

8

Become Footless and Headless

There are two kinds of experience: real and imitation. Just as it is difficult to distinguish an imitation from a real pearl, so it is difficult to distinguish between an imitation and a real spiritual experience.

When finally the Real Experience is gained, worldly things and circumstances cannot affect you. Once gained, the Real Experience is never lost; it is permanent. To get this Experience Hafiz has said, Become footless and headless.

That is meant by becoming footless and headless? It means implicitly obeying the Perfect Master: following His orders literally and not using your head to analyse their significance; doing only what He wants you to do—your feet moving at His command and your life being lived in the way of His love.

8
머리도 발도 없는 존재가 되어라

체험에는 두 가지 종류가 있다. 실제의 체험과 모방의 체험이 그것이다. 자연산 진주와 모조 진주를 구별하기 어렵듯이, 진짜인 영적 체험(real spiritual experience)과 가짜의 체험을 구별하기도 어렵다.

언젠가 그대가 실재의 체험(Real Experience)을 하게 되면, 더 이상 세속의 것들과 환경의 영향을 받지 않을 것이다. 이 실재의 체험은 한 번 얻으면, 결코 잃을 수 없는 것이다. 이 체험은 계속 지속된다. 하피즈는 말했다. '실재의 체험을 하려면, 머리도 발도 없는 사람이 돼라'고.

그러면, '머리도 발도 없는 사람이 된다'는 것은 무슨 뜻일까? 바로, 완벽한 스승(Perfect Master)에게 무조건 복종하는 것을 뜻한다. 그분의 명령에 대해 어떤 판단이나 분석도 없이 말씀 그대로 따르는 것, 그분이 원하는 그대로를 행동으로 옮기는 것을 말한다. 즉 그분의 명령에 의해 그대의 발이 움직이고, 그분의 사랑에 의해 그대 인생의 경로가 결정되는 것이다.

9

A Journey Without Journeying

The succession of experiences that one goes through in the process of involution is called the Spiritual Path, and the going through them is likened to a journey. On one stage you hear melodious sounds and music that enchant and overwhelm you. On another stage you see wonderful visions in which most often you get lost. Such experiences are part and parcel of the Great Dream in Illusion, though together they may be called a real or super Dream compared with day to day experiences of the gross sphere.

The experiences are so innumerable and varied, that the journey appears to be interminable and the Destination is ever out of sight. But the wonder of it is, when at last you reach your Destination you find that you had never travelled at all! It was a journey from here to Here. As one Sufi expressed it, When I plucked the date (Fruit of Realization) I found the fruit was within me.

9
오고 감 없는 여행

'영적 역진화과정'(involution) 안에서 한 영혼이 통과하며 거치는 일련의 체험들을 영적 경로(Spiritual Path)라 한다. 이 체험들을 거치는 과정은 마치 여행과도 같다. 어느 단계에 도달했을 때, 그대는 아름다운 소리와 음악의 황홀함에 넋을 잃는다. 또다른 단계에 도달했을 때, 그대는 경이로운 비전(visions)을 보다가 대부분의 경우 그 속에서 길을 잃게 된다. 이러한 체험들은 환상 속의 '큰 꿈'의 일부에 불과하다; 그러나 이 체험들을 '물질적 영역'(gross sphere)에 속한 일반인의 일상의 체험과 비교하면, 참된 꿈이나 고차원의 꿈이라 부르는 것이 적절할 것이다.

이러한 체험들은 너무도 다양하고 무수하기에, 영적 여행은 끝없이 이어지는 듯 하고 목적지는 언제나 저 먼 너머에 있는 듯 보인다. 그러나 무엇보다도 놀랄 일이 있다. 그대가 머나먼 여행 끝에 목적지(Destination)에 도착해보면, 어떤 여행도 한 적이 없었다는 사실을 알게 된다는 것이다! 이 자리(here)에서 이 자리(Here)로, 그대는 간 곳 없는 여행을 한 것이다. 어떤 수피는 이것을 이렇게 표현하였다. '나무에서 대추를 따던 날, 그 대추가 원래 내 안에 있었음을 알았

The journey seems infinitely long while you are passing through the dream-experiences of reincarnation and the six planes of involution, until finally you merge into yourself to emerge as Self. But the journey is after all no journey: it is simply the momentum of your urge to awaken from the Dream and get established in the reality of the God-state of Infinite Consciousness. To awaken means to consciously experience the sound-sleep State of God. When you awake you find that the Great Dream containing all the varied illusory aspects of dreaming, has vanished for ever. Heaven and hell as well as all the planes vanish within your Self, to remain as nothing. In this Awakened State, there is no scope for anything besides you – the Self, the Existence eternal and infinite.

This is the only Experience worth experiencing and aspiring after. To gain this Experience you have to become as dust at the feet of the Perfect Master – which amounts to becoming as nothing. And, when you become absolutely nothing, you become Everything.

네.' (대추 : '깨달음의 과일'을 상징)

수없는 환생의 꿈-체험을 거쳐, 그 후 여섯 경지로 이뤄진 '역진화 과정'을 거치는 동안, 그리고 마침내 그대가 자신 안으로 녹아들어 참나(Self)로 드러나기까지, 이 여행길은 끝도 없이 길게 느껴진다. 그러나 이 여행은 결코 여행이 아니다: 꿈에서 깨어나려는 그대의 충동이 몰아온 기세다; 즉, 무한한 의식이며 신의 상태(God-state)인 실재(Reality)에 확립되려는 그대의 충동에서 비롯된 기세다. 깨어난다는 것은, 신의 깊은 잠 상태(sound-sleep State of God)를 의식적으로(consciously) 체험하는 것이다. 언젠가 꿈에서 깨어났을 때 그대는, 꿈의 온갖 환상적 측면을 포함하고 있는 '큰 꿈' 자체가 영원히 사라졌다는 것을 알게 된다. 천국과 지옥을 포함한 모든 영적 경지들도 그대의 참나 속으로 사라져 무(無)가 된다. 이 깨어난 상태(Awakened State)는, 무한하고 영원한 존재이며 참나인 그대 외에는 그 무엇도 함께할 수 없는 자리다.

오직 이 체험만이 추구하고 체험할 가치가 있는 유일한 것이다. 이러한 체험을 얻기 위해선 완벽한 스승의 발 아래 먼지처럼 되어야 한다. 즉 무(無)가 되어야 한다. 언젠가 그대가 완전한 무(nothing)가 될 때, 완전한 유(Everything)가 될 것이다.

10

The Inquisitive and Doubting Man

Once an inquisitive and doubting man went to Bayazid the Perfect Master and said, 'You, being Perfect, ought to know the thoughts of others. What am I thinking of just now?' Bayazid replied, 'You are thinking that which you ought not to have thought of, and asking that which you ought not to have asked. Had you come with an open mind and curbed tongue you would have received that which you ought to have received, instead of this well-deserved rebuke.'

10
의심 많고 캐묻기 좋아하는 사람

한 의심많고 캐묻기 좋아하는 남자가 있었다. 어느날 그가 완벽한 스승인 바야지드(Bayazid)에게 와서 물었다. "만일 당신이 완벽하다면, 모든 사람의 생각을 알 것이 틀림없소. 그럼 지금 내가 무슨 생각을 하고 있는 지 아시오?" 바야지드는 이렇게 대답했다. "그대는 안 하니만 못한 생각을 하고, 안 하니만 못한 질문을 하고 있다. 그대가 열린 마음과 겸손한 말투로 왔더라면, 마땅히 얻어갔어야 할 그 무언가를 얻어갔을 것이다. 마땅히 들어야 할 이 꾸중 대신에…."

11

Three Sorts of Cheap Experiences

On a certain stage of the spiritual journey there is an experience in which all things to the aspirant's physical eyes gradually fade away leaving a void, facing which he feels fright or panic. But the next moment a lotus appears within the void. This experience is not enduring, the lotus disappears and all things begin to reappear.

There is another sort of experience which completely dazes the aspirant, so that all else is obliterated from his consciousness. It is a state of conscious coma. Even physically there is an abrupt halt, and whatever the posture of the body at the moment this experience begins, it is maintained until the experience wears off. For instance, if at the moment the hand is in a raised position, it will remain raised until the end of the coma which may be of a short duration or may last for years at a stretch.

There is yet another sort of experience. It is the expe-

11
세 가지의 값싼 영적 체험들

영적인 여행의 일정한 단계에 이르게 되면, 갈망자의 육체적 눈에서 세상이 점차적으로 사라져 빈 허공만이 남게 된다. 이때 갈망자는 두려움과 공포를 느끼게 된다. 그러나 바로 다음 순간, 그 허공 속에서 연꽃이 솟아난다. 이 체험은 그리 오래 가지 않는다. 연꽃은 사라지고 현상 세계의 사물이 다시 보이기 시작한다.

또 다른 종류의 영적 체험은 갈망자를 완전히 멍하게 하여, 그 체험 외에는 의식에 아무 것도 남지 않게 한다. 이것은 의식이 깨어 있는 혼수상태(coma)다. 육체에도 갑작스런 '멈춤'이 일어나, 체험이 시작되는 순간의 몸이 어떤 자세였든간에 체험이 끝날 때까지 지속된다. 예를 들어, 그 순간 팔을 들고 있었다면 혼수 상태가 끝날 때까지 그는 팔을 들고 있게 된다. 이 시간은 짧은 순간일 수도 있고, 몇 년에 이를 수도 있다.

이와 또 다른 종류의 영적 체험도 있다. 이것은 4경지(fourth plane)의 체험이다. 이 경지에 도달한 갈망자의 손에는 엄청난 영적 위험이 수반되는 무한한 파워(Infinite Power)가 주어진다.

4경지를 넘어서게 되면, 신의 거처(God's Abode)의 문지방에 키

rience of the fourth plane. Here Infinite Power is in one's hand and this entails great risk to the aspirant.

After crossing the fourth plane, one kisses the threshold of God's Abode. But, as Hafiz has said, Just before the 'kiss' there is the vault of heaven (asman) where you feel all powerful, but the least misuse of that power will drag you to the dust.

So, on this spiritual path, there are three sorts of cheap experience. The experience of the first causes fright, of the second makes one dazed; and with the third is the risk of an immense fall.

The Perfect Master (Qutub) does not make one consciously pass through the planes. To grant intermediate experiences of the planes, is child's play to the Perfect Master. But the Perfect Master is not interested in giving a 'drop' – when He gives, He gives the 'Ocean'. For Him to do so, He expects from His disciples complete obedience in wholehearted love. When this is fulfilled, in one moment He raises the disciple to the highest level, which is the Experience of Infinite Consciousness of the state of I am God!

*Details are given in God Speaks, by Meher Baba.

스를 한 것이다. 그러나 (하피즈가 말했듯이) 이 '키스' 직전에, 자신이 전지전능하다고 느끼는 천국의 금고(asman)를 지나야만 한다. 이때 티끌만큼이라도 그 파워를 남용한다면, 그대는 먼지로 끌어내려질 것이다.

이렇듯 영적 경로에는, 세 가지의 값싼 영적 체험들이 있다. 첫 번째는 겁을 주고, 두 번째는 멍하게 하며, 세 번째에는 엄청난 영적 추락을 초래할 위험이 따른다.

완벽한 스승(Perfect Master) 또는 쿠툽(Qutub)은, 영적 경지들을 의식적으로 거쳐가도록 하지 않는다. 중간 단계의 영적 체험을 누군가에게 주는 것은, 완벽한 스승에게는 아이들 장난에 불과하다. 그러나 완벽한 스승은 고작 한 방울의 물을 주는 데에는 관심이 없다. 그분이 준다면, 그는 온 바다(Ocean)를 주신다. 그러나 보통 그분이 그러기 위해서는, 제자의 온가슴을 바친 사랑과 완전한 복종이 전제되어야 한다. 이 조건이 충족되면, 그분은 한순간에 그 제자를 최상의 단계로 상승시킨다. 즉, 제자에게 '나는 신이다의 상태'(I am God State)인 무한한 의식(Infinite Consciousness)의 체험을 주신다!

*상세한 내용은 메허 바바의 〈신은 말한다〉(God Speaks)에 나와 있습니다.

12

Three Types of . . .

DISCIPLES:

Those who do not give but ask.

Those who give but also ask.

Those who give and never ask.

SEEKERS:

The intellectual seeker.

The inspired seeker who is an intellectual.

The inspired seeker.

YOGIS:

Those who master Yogic exercises merely for occult powers.

Those who long for the Goal and also for occult powers.

Those who long for the Goal and give no thought to occult powers.

12
세 종류의 구도자

세 종류의 제자들:
- 주지는 않고 얻으려고만 하는 제자
- 주지만 얻으려고도 하는 제자
- 주지만 결코 얻으려고는 하지 않는 제자

세 종류의 구도자들:
- 지적인 구도자
- 영감을 받은, 지적인 구도자
- 영감을 받은 구도자

세 종류의 요기(요가 수행자)들:
- 단지 오컬트(마법)적인 신통력만을 얻기 위해 수행하는 요기
- '깨달음'의 목표를 갈망하면서도, 오컬트(마법)적인 신통력도 원하는 요기
- 오직 '깨달음'의 목표만을 원하며, 오컬트(마법)적인 신통력에는 관심 없는 요기

LOVERS:

The mast* who loves and knows only God. He loses all consciousness of his body and surroundings, and is dead to himself and the world. For him only God exists.

The one who lives in the world, carries out his worldly duties and responsibilities a hundred percent, but is all the time conscious that everything is passing and only God exists. He loves God without others being aware of it.

The one who completely surrenders to the God-Man (the Christ or Avatar). He no longer lives for himself, but for the God-Man. This is the highest and rarest type of lover.

RESIGNERS:

Those who do what the Master asks at all cost, but expect reward.

Those who do what the Master asks, sacrificing everything and not expecting reward; but they do it because their surrender to the Master demands it of them.

Those who have no thought of their surrender and are so completely resigned to the Master's Will that the question

세 종류의 러버들(lovers):

· 오로지 신만을 알고 신만을 사랑하는 머스트*(mast). 그는 자기 몸과 주변 상황에 대해서는 완전히 의식을 잃은 사람이다. 이 세상이나 자기 자신에 대해선 이미 죽은 사람이다. 그에게는 오직 신만이 존재한다.

· 세상 속에 살며 자신에게 주어진 세속의 의무와 책임들을 100% 완수하면서도, '오직 신만이 존재한다는 사실과 세상 모든 것이 일시적이라는 사실'을 늘 자각하는 사람. 그는 남들이 모르게 신을 사랑한다.

· 갓맨(God-Man, 신인간)에게 완전히 항복한 사람. 즉 그리스도나 아바타(Avatar)에게 완전히 항복한 사람. 그는 더 이상 자신을 위해서 살지 않고, 갓맨을 위해서만 산다. 이런 사람이야말로 가장 드물고 고귀한 러버(lover)의 유형이다.

세 종류의 단념한 자들(resigners):

· 마스터(스승)가 시키는 것은 무슨 수를 써서라도 하되, 무언가 보상을 바라는 사람.

· 마스터(스승)가 시키는 것은 모든 걸 희생해서라도 하며, 그 어떤 보상도 바라지 않는 사람. 그러나 그들은 마스터에 대한 항복(surrender)이 이런 행동을 요구하기에, 이렇게 한다.

of how, why or when, never enters their minds. These are the 'fortunate slaves' that Hafiz advises us to become:

Mazan ze choono-chera dam ke banda-e-muqbil;

Ze jan qabul kunad har sukhan ke Sultan guft.

Befitting a fortunate slave, carry out every command of the Master without any question of why or what.

・자신의 항복에 대해서는 전혀 생각하지 않고, 마스터의 뜻(Master's Will)에 완전히 내맡겼기에 '어떻게' '왜' '언제'와 같은 질문이 더 이상 생기지 않는 사람. 이들이 바로 하피즈가 우리에게 권장한 '복받은 노예'다:

'왜' '무엇' 등 어떠한 질문도 없이 마스터의 모든 명령을 이행하는 제자야말로 마땅히 복받은 노예다.

---

*머스트(mast): 신에 대한 사랑에 취한 사람.

13

Do Not Seek and You Will Find

'Seek and you shall find' has become such a commonplace that spiritual aspirants have begun to wonder what it means. To them I say, Do not seek and you will find.

Do not seek material pleasure and you will find the spiritual treasure. This means, seek only God by not seeking material pleasures, and you will find God.

You can only seek God through self-denial. The spiritual treasure cannot be obtained by merely stretching out your hand for it. Only in the completeness of self-denial can the spiritual treasure become self-evident.

There are three ways of obtaining the spiritual treasure:

To earn it yourself by self-denial;

To receive it as a spontaneous gift from God given to His lover whose self has become effaced in the intensity of his longing for his Beloved;

To inherit it directly from the Perfect Master who be-

13
구하지 말라. 그러면 찾을 것이다.

'구하라 그러면 찾을 것이요.' 이 구절은 하도 보편화되어서, 영적 갈망자들은 그 뜻이 무엇인지 궁금해한다. 그들에게 내가 말하노니 '구하지 말라. 그러면 찾을 것이다.'

'물질적 즐거움을 구하지 말라. 그러면 영적인 보물을 찾을 것이다.' 이 말의 뜻은 '물질적인 즐거움을 구하지 않고 오직 신만을 구한다면, 신을 찾게될 것이다.'라는 뜻이다.

신은 오직 자기 부정(self-denial)을 통해서만 찾을 수 있다. 영적 보물은 그저 손만 뻗는다고 해서 얻을 수 있는 게 아니다. 오직 자기 부정의 완성을 통해서만 영적 보물은 자명해진다.

이 영적 보물을 얻는 데는 세 가지 길이 있다.

자기 부정을 통해 자기 스스로 얻는 방법.

비러벳(Beloved)을 향한 갈망의 강렬함에 의해 자아가 소멸된 러버에게 주어지는 신의 즉흥적인 선물로서 받는 방법.

늘 그분의 뜻을 전적으로 받아들이는 사람들에게 완벽한 스승(Perfect Master)이 직접 물려주는 영적 보물을 받는 방법.

그러므로 만일 그대가 보물을 찾으려 한다면, 물질적 즐거움의 추

queaths it to those who remain completely resigned to His will.

Therefore if you wish to find the treasure, stop seeking material pleasure. Seek thekingdom of Heaven by not seeking the kingdom of earth, and you will find it.

구를 멈추어라. 지상의 왕국(kingdom of earth)을 구하지 않음으로써 천상의 왕국(kingdom of Heaven)을 구하라; 그리하면 분명 얻게 되리라.

14

God Seeks

The humour of the divine love-game is that the One who is sought is Himself the seeker. It is the Sought who prompts the seeker to ask, Where can I find Him whom I seek? The seeker asking, Where is God? Is really God saying, Where indeed is the seeker!

14
신의 추구

신성한 사랑 게임(divine love-game)에서 재미있는 일은, 추구의 대상인 그 분(the One)이 바로 구도자 자신이라는 사실이다. '내가 찾는 그분(Him)을 어디서 발견할 수 있을까?'라는 의문을 구도자의 마음에 심어준 장본인이 바로 추구의 대상인 그분이다. '신은 어디에 있을까?' 하고 구도자가 물을 때, 실은 신이 '구도자는 정녕 어디에 있는가!' 하고 묻는 것이다.

15

The Pearl Diver

When I became a lover I thought I had gained the Pearl of the Goal; foolish I did not know that this Pearl lies on the floor of an ocean which has innumerable waves to be encountered and great depths to be sounded. —HAFIZ

In the beginning the seeker of truth is like a man who, having heard that a priceless pearl is to be got from the depths of the ocean, goes down to the seashore and first admires the vastness of the ocean and then paddles and splashes about in the shallows and, intoxicated with this new excitement, forgets about the pearl.

Out of many who do this, one after a while, remembers his quest and learns to swim and starts to swim out.

Out of many who do this, one masters swimming and reaches the open sea; the others perish in the waves.

Out of many who master swimming, one begins to dive; the others in their enjoyment of mastery, again forget about

15
진주를 캐는 잠수부

처음 러버가 되었을 때, 나는 목표(Goal)인 진주를 이미 얻었다고 생각했네. 어리석은 나는 그 진주가 무수히 많은 파도가 내리치는, 깊고 험한 바다의 밑바닥에 있다는 사실을 몰랐네. — 하피즈

초기에 진리의 구도자는, 저 바다 깊은 곳에 아주 귀한 진주가 있다는 소문을 듣고 바닷가로 간 사람과 같다. 이 사람은 바다의 광대함에 감탄하며 얕은 물에서 첨벙이며 물장난치고 놀다가, 그 재미에 빠져 진주에 대해서는 잊어버리고 만다.

얼마의 시간이 지나면, 이러한 많은 이들 중 한 사람이 자신이 찾으려 했던 것을 기억하고는 수영을 배워 더 깊은 곳으로 헤엄쳐 나가기 시작한다.

이러한 많은 이들 중 한 사람이 수영에 능통해져서 망망대해로 헤엄쳐 나간다. 나머지는 거센 파도에 빠져 죽는다.

수영에 능통해진 많은 이들 중 한 사람이 잠수를 시작한다. 나머지는 수영을 터득해가는 즐거움에 빠져 또다시 진주에 대해 잊어버린다.

잠수를 연습하는 많은 이들 중 한 사람이, 심해에 도달하여 진주

the pearl.

Out of many who practise diving, one reaches the ocean bed and grasps the pearl.

Out of many who get hold of the pearl, one swims back up to the surface with it, the others stay stuck on the floor gazing with wonder at the pearl.

Out of many who swim up to the surface, one returns to the shore. This one is the Perfect Master (Qutub) and He shows His pearl to the others – the divers, the swimmers, the paddlers, and so encourages them in their efforts. But He can if He wishes cause another to become the possessor of the pearl without that one having to learn swimming and diving.

But God-Man or Avatar is the Master of Masters (Qutub-al-Aktab), and can give possession of the Pearl to any number he likes. The Qutub is perfect Perfection, but is circumscribed by His office in regard to His help to men. The Avatar is beyond limits of function; His power and the effects of His power are boundless. The absolute Perfection of the Perfect Master is the same as God-Man's. The difference between them is in the scope of their functioning. One is limited, the other is unlimited.

를 손에 쥐게 된다.

진주를 얻은 많은 이들 중 한 사람이 다시 헤엄쳐 수면으로 올라온다. 나머지는 심해 밑바닥에 머물며 진주의 신비와 아름다움에 사로잡힌다.

수면으로 올라온 많은 이들 중 한 사람이, 바닷가로 돌아간다. 이러한 이를 완벽한 스승(Perfect Master) 또는 쿠툽(Qutub)이라고 한다. 그분은 자신의 진주를 다른 잠수부들과 헤엄치는 사람들, 물장난치는 사람들에게 보여주어 그들을 격려한다. 물론 그는 원하기만 하면, 다른 누군가가 수영이나 잠수를 배우지 않고도 진주의 소유자가 되게 할 수 있다.

그런데 갓맨(God-Man) 또는 아바타(Avatar)는 '스승들의 스승'(Qutub-al-Aktab)이다. 그는 원하는 만큼 많은 이들에게 진주를 줄 수 있다. 쿠툽은 완전한 완벽함(Perfect Perfection)이지만, 인류를 돕는 그의 임무는 직위(His Office)에 달려 있다. 반면, 아바타는 어떤 기능의 한계도 넘어선 존재로서, 그의 파워(Power)와 그 힘의 영향력은 무한하다. 완벽한 스승(쿠툽)의 절대적인 완전함은 갓맨의 완전함과 같다. 이들 사이의 차이는 그들의 기능이 미치는 범위 뿐이다. 완벽한 스승(쿠툽)은 한정적이고, 아바타는 무한하다.

16

The Four Journeys

God is Infinite and His Shadow is also infinite. The Shadow of God is the Infinite Space that accommodates the infinite Gross Sphere which, with its occurrences of millions of universes, within and without the ranges of men's knowledge, is the Creation that issued from the Point of Finiteness in the infinite Existence that is God.

In these millions of universes are many systems with planets: some in gaseous states, some in states of solidification, some which are Stone and Metal, some which also have Vegetation, some which also have developed life forms such as Worms, some also Fish, some also Birds, some also Animals, and a few also have Human Beings.

Thus it is that throughout the myriads of universes there are planets on which the "Seven Kingdoms" of Evolution are manifested; and the evolution of Consciousness and Forms is completed.

16
네 가지 영적 여행

신은 무한하며, 그분의 그림자도 무한하다. 무한한 물질 영역을 수용하는 무한한 공간이 바로 신의 그림자다. 인간 지식의 범위 안에도 있고 밖에도 있는 수백만의 우주들은 모두, 무한한 존재(Infinite Existence)인 신 안에 있는 어떤 한정된 지점에서 솟아오른 창조물(Creation)이다.

이 수백만의 우주들 속에는, 여러 행성들이 모인 수많은 행성계(行星系)들이 존재한다. 이 중 어떤 행성들은 기체 상태(gaseous state)에 있으며, 어떤 행성들은 고체화된 상태(state of solidification)에 있다. 어떤 행성들은 돌이나 금속의 단계에 있고, 어떤 행성은 식물을 포함하며, 벌레와 같은 발전된 생명체까지 포함하는 행성들도 있다. 물고기나 새, 동물을 포함하는 행성도 있고, 소수의 행성은 인간의 단계까지 포함하고 있다.

따라서 그 무수히 많은 우주들 안에는 진화의 일곱 왕국(Seven Kingdoms)이 발현되어, 형체와 의식의 진화(evolution of Consciousness and Form)가 완성된 행성들도 있다.

그러나 오직 이 지구에서만 인간이 환생하여, 참나-깨달음

But only on the planet Earth do human beings reincarnate and begin the Involutionary Path to Self Realization.

Earth is the Centre of this Infinite Gross Sphere of millions of universes inasmuch as it is the Point to which all human-conscious souls must migrate in order to begin the Involutionary Path.

This Involutionary Path has seven Stations and arrival at the seventh Station completes the First Journey to God.

Although the completion of this Journey is the Goal of all human souls, only a very few at any given moment embark upon it. The arrival at the end of this Journey is the drowning of individuality in the Ocean of Infinite Consciousness, and the Journey's completion is the soul's absorption in the state of I-am-God with full consciousness, and, as God, experiences Infinite Power, Knowledge and Bliss.

Out of all the souls who complete the First Journey, a very few enter the Second Journey. This Journey has no stations. It is an instantaneous journey -the journey of infinite Consciousness being shaken from its absorption in I-am-God to abiding in God as God. In this state individuality is regained, but individuality is now infinite, and this Infinity

(Self-Realization)으로 가는 역진화 경로(Involutionary Path)에 올라설 수 있다.

인간-의식에 이른 모든 영혼들은 역진화 경로에 올라서기 위해, 출발 지점인 우리의 지구로 이동해와야 한다; 이런 의미에서 수백만의 우주들을 담고 있는 이 무한한 물질 영역의 중심 지점은 바로 이 지구라고 볼 수 있다.

이 역진화 경로에는 일곱 개의 정거장이 있다. 일곱 번째 정거장에 도착하면 신을 향한 첫 번째 여행(First Journey to God)을 끝마친 것이다.

이 첫 번째 여행의 완성이 모든 인간 영혼의 최종 목표(Goal)다. 하지만 언제나 극소수의 영혼만이 이 길 위에 올라서 있다. 이 여행의 종착지에 도착했다는 것은, 개체성이 무한한 의식의 바다에 빠진 것을 의미한다. 그리고 여행의 완성이란, 영혼이 완성된 의식(full consciousness)을 지니고 '나는 신이다의 상태'(the state of I-am-God)에 흡수되었다는 것을 뜻한다. 이때 영혼은 신으로서 무한한 파워와 무한한 지식, 무한한 지복(Infinite Power, Knowledge and Bliss)을 누리게 된다.

이 첫 번째 여행을 완료한 영혼들 중에 극소수의 영혼들만이 두 번째 여행에 들어선다. 이 여행에는 정거장이 없다. 이것은 순간에 끝나는 여행이다. 무한한 의식(Infinite Consciousness)이 '나는 신이다의 상태'(I-am-God state)에 흡수되었던 상태에서 떨어져 나와, 신

includes gross Consciousness, and so as Man and God he experiences Infinite Power, Knowledge and Bliss in the midst of Most-finiteness – the unlimited Soul knows Its unlimitedness in the midst of limitation.

The Third Journey is undertaken only by those who have accomplished the Second Journey and whose lot it is to bear the burden of the exercise of Infinite Power, Knowledge and Bliss and so live God's Life both as Man and God simultaneously.

There are only five such Masters living on the Earth at any given moment, and they control the movement of the universes and the affairs of the worlds of men. Only when one of these FIVE PERFECT MASTERS drops His body can one of those who are abiding in God as God move onwards and complete the Third Journey to fill the vacant Office.

It is the duty of these Five Perfect Masters to precipitate the Advent of the Ancient One (Avatar) and to hand over to Him the charge of His own Creation.

All those who live God's Life on Earth and all those who abide in God as God on Earth when they drop their bodies also shed forever their Subtle and Mental vehicles and pass

으로서 신의 자리에 머물게 된다. 이 상태에 도달한 영혼은 개체성을 되찾지만, 이 개체성은 이제 유한하지 않고 무한하다. 이 무한함에는 물질적 의식의 영역도 포함되어 있기에, 그 영혼은 인간인 동시에 신으로서 '가장-한정됨'(Most-finiteness) 속에서 무한한 파워와 무한한 지식, 무한한 지복을 체험한다. 즉, 무한한 영혼(unlimited Soul)이 한계(limitation)의 한가운데서 스스로의 무한성(unlimitedness)을 안다는 뜻이다.

세 번째 여행은 오직 두 번째 여행을 마친 영혼만이 시작할 수 있다. 그의 운명은 무한한 파워와 무한한 지식, 무한한 지복을 행사하는 부담을 짊어지는 것이다. 따라서 이 영혼은 인간인 동시에 신으로서, 신의 삶(God's Life)을 살아야 한다.

어느 순간이든, 지구상에 이러한 스승들은 늘 다섯 명만 존재한다. 그들은 여러 우주들의 움직임을 조정하며 인간사 전체를 관장한다. 이 다섯 명의 완벽한 스승들(FIVE PERFECT MASTERS) 중 한 분이 육신을 벗을 때에만, 신으로서 신의 자리에 머물던 자 중 하나가 앞으로 나아가, 공석인 지위를 맡기 위해 세번째 여행을 완료한다.

이 다섯 명의 완벽한 스승의 임무는 고대의 그이(Ancient One)인 아바타(Avatar)의 도래(Advent)를 재촉하여, 그분에게 창조세계의 권력을 되돌려주는 것이다.

이 지구상에서 신의 삶을 살거나 신으로서 신의 자리에 머문 자들은 모두 육신을 벗을 때, 자신의 기적(氣的) 매체(Subtle vehicle) away utterly as God, retaining infinite Individuality and experiencing the Infinite Power, Knowledge and Bliss. This is the Fourth Journey.

In reality these Four Journeys are never journeyed, for God has nowhere to journey. He is without beginning and without end. And everything, which has the appearance of being, appeared from That which has no beginning and passes back into That which has no ending.

와 정신적 매체(Mental vehicle)를 영원히 버린다. 그리고 오롯이 신으로 돌아간다. 무한한 파워와 무한한 지식, 무한한 지복의 체험과 더불어 무한한 개체성(infinite Individuality)이 유지되는 신의 상태로 남는 것이다. 이것이 바로 네 번째 여행이다.

사실, 이 네 개의 여행은 간 적도 없는 여행이다. 신은 어디로도 갈 곳이 없기 때문이다. 그에게는 시작도 끝도 없다. 존재하는 듯 보이는 일체 만물은 시작도 없는 그 무언가(That)에서 나타나 끝도 없는 그 무언가(That)로 되돌아간다.

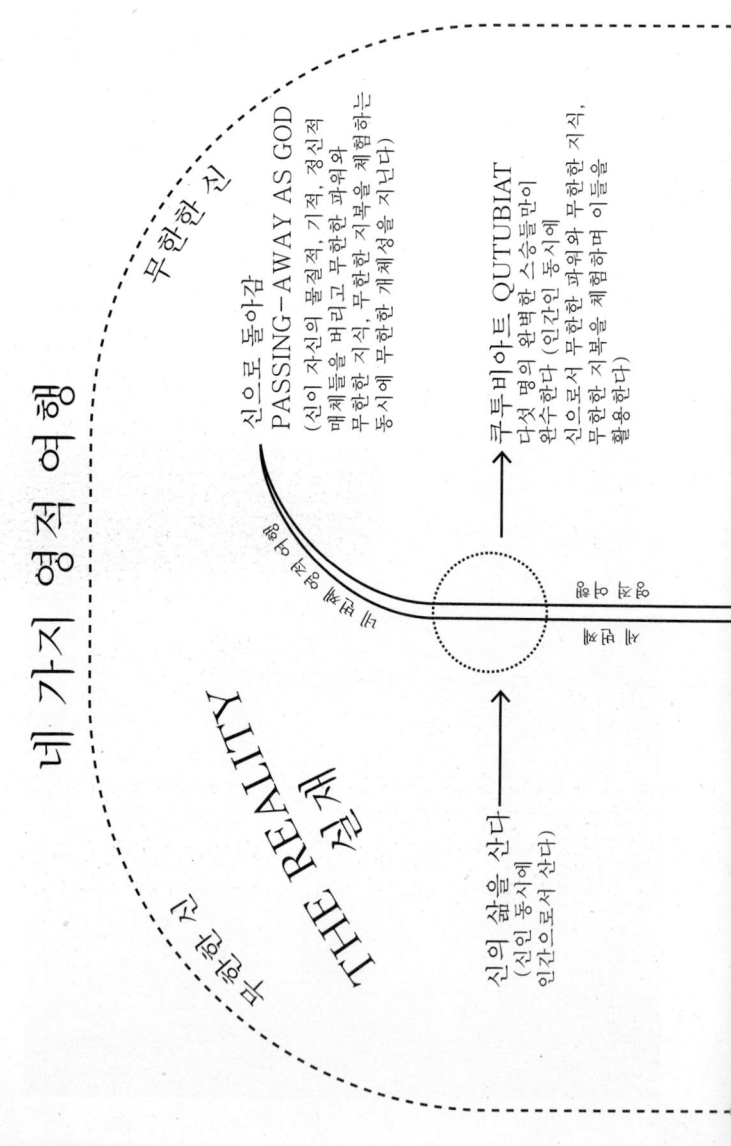

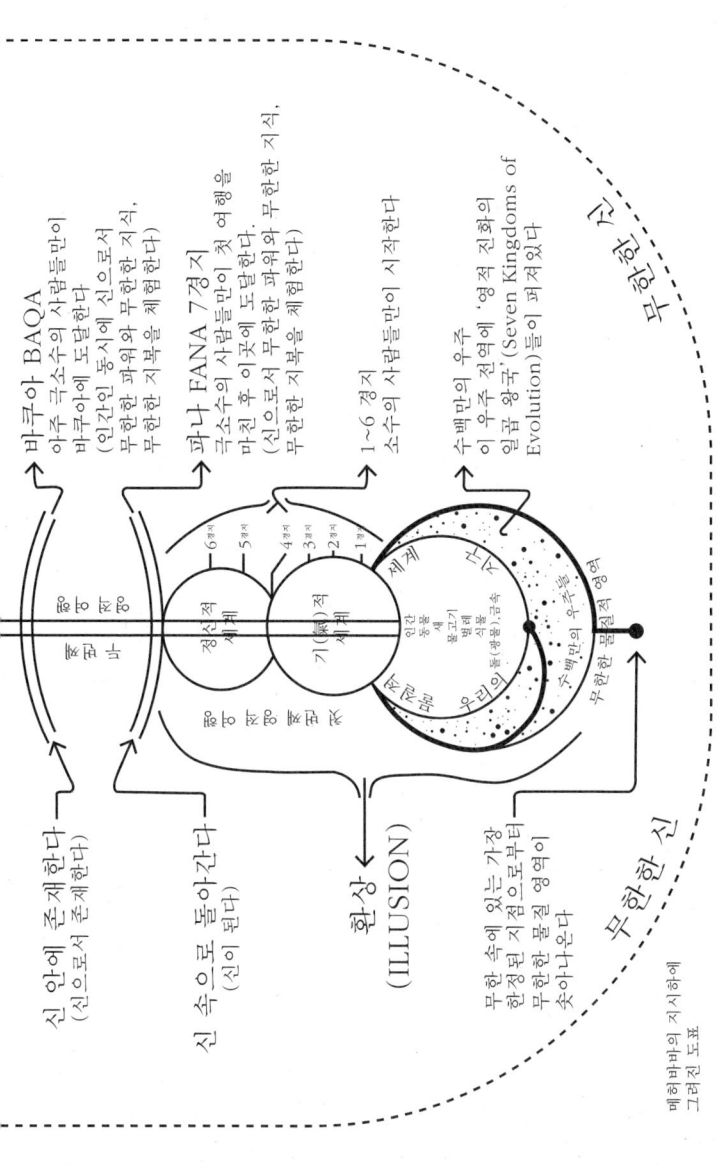

17

The Wine-seller

Sufi poets use the figure of wine and its effects to describe the Way of Love and the condition of the lover. Saqi is the wine-seller, Rind is the customer and Maikhana is the wine-shop. Saqi-ul-Irshad is the vintner who makes and wholesales wine – the Wine-seller to the wine-sellers.

As in the world there are many wine-shops where new and unracked, and even adulterated, wine is sold for a small price, and which brings madness upon those who drink it and destroys their bodies and minds, so on the Spiritual Path there are saqis who have not let the wine of love they have got from the Saqi-ul-Irshad mature, but have used it straightway themselves to obtain the intoxication of cheap spiritual experiences, and even added pure spirits to it to increase its potency; and they sell it to anyone for the coins of small services.

And again, as there are wine-shops where only good

17
와인 상인

수피 시인들은 러버(lover)들의 상태와 그들이 거치는 사랑의 길을 설명하기 위해, 와인(술)과 와인에 취한 상태에 비유한다. 페르시아에서는 와인을 파는 사람을 사키(Saqi)라고 하고, 그 고객을 린드(Rind)라고 하며, 그 술집을 마이카나(Maikhana)라고 한다. 그리고 와인을 직접 만들어 파는 도매상을 사키-울-일샤드(Saqi-ul-ir-shad)라고 한다. 즉, 이 사람은 와인 판매업자들에게 와인을 파는 도매상이다.

이 세상에는 겉만 번지르르한 장소에서 불순물이 섞인 싸구려 와인을 파는 장사꾼들도 많이 있다. 이 와인을 마시는 손님들은 광기를 비롯하여 온갖 신체적 정신적 피해를 입는다. 영적 경로(Spiritual Path)에서도 와인 도매상(사키-울-일샤드)에게서 얻은 사랑의 와인이 숙성되기도 전에, 자기 자신부터 싸구려 영적 체험에 취해버리는 와인 판매상이 있다. 심지어는 술의 도수를 높이기 위해 순수한 영(pure spirit)을 첨가하여, 싼값에 아무에게나 파는 장사꾼도 있다.

또한 이 세상에 와인 애호가를 위한 질 좋은 빈티지 와인이 구비된 술집도 있듯이, 영적인 사키(Saki) 중에도 오직 신(God)을 향한

vintage-wine is stocked for connoisseurs, so there are Saqis who are saints and perfect saints (walis and pirs) who have the mature wine of love for God alone, the price they have paid for which is the sacrifice of all that is near and dear; and this price they, in their turn, require from those who go to them.

Among those who have paid this price through many lives, one has the rare fortune to be invited by the Saqi-ul-Irshad to visit his cellar. And he gives this one a little glass from his special cask, and this overpowers him completely and he becomes merged with God. And out of many such intimates he makes one as himself – a Saqi-ul-Irshad.

The Saqi-ul-Irshad is the Qutub, the Perfect Master, who is the Pivot of the Universe. He is All-power and has the authority to use it as he wills. He never gives one intoxication(masti), but causes one to see God face to face, and some he makes one with God. As Hafiz says:

One who is Saqi-ul-Irshad can, with his mere glance or wish transform dust into the alchemy-stone that transmutes base metal into gold.

And sometimes it happens that there is one who has

사랑의 숙성된 와인만을 구비한 성자들과 완벽한 성자들(왈리walis, 피어pirs)의 술집도 있다. 그들은 이 와인을 사기 위해 자신에게 가깝고 소중한 모든 것을 바쳤다. 그리고 자신에게 오는 손님들에게도 똑같은 대가를 요구한다.

수많은 생을 거치며 이 술값을 낸 많은 고객 중 하나가, 와인 도매상(사키-울-일샤드)의 와인 저장실에 초대받는 귀한 행운을 얻게 된다. 이때 도매상은 술통에서 아주 작은 술잔으로 와인을 떠주고, 그 고객은 이 한 잔에 완전히 압도되어 신 속에 녹아든다. 그분은 이렇게 된 수많은 이들 중 하나를, 자신처럼 사키-울-일샤드로 만드신다.

바로 이 사키-울-일샤드가 완벽한 스승인 쿠툽(Qutub)이다. 즉 온우주의 중심축이다. 그분은 전능하며(All-power), 뜻하는대로 자신의 파워를 활용할 권한이 있다. 그는 결코 누구도 도취(masti)하게 만들지 않는다. 대신 신의 얼굴을 대면하게 하거나 몇몇은 신과 하나 되도록 만드신다. 하피즈는 이렇게 말한다.

사키-울-일샤드는 한 번 흘낏 보거나 바라는 것만으로, 먼지를 한순간에 '연금술사의 돌'(금속을 황금으로 변형시키는 돌)로 만들 수 있네.

때로는 이런 경우도 있다. 수많은 생 동안 사키-울-일샤드를 충실히 모셔왔던, 가장 싼 와인 한 잔조차 살 돈이 없는 자를 마스터가 기억하고는 불러들여서, 작은 잔에 깨달음을 주는 와인을 줄 수도

served the Saqi-ul- Irshad faithfully in previous lives and now has not even the price of the cheapest wine, and the Master remembers him and calls him and gives him the little drink of the Wine which gives Realization, and, perhaps, makes him a Saqi-ul-Irshad.

있다. 이때 그 한 잔에 그 사람이 사키-울-일샤드가 되기도 한다.

18

The Unlimited One is the Sadguru

Kabir said:

Kan fooka Guru Had ka Behad ka Guru nahee.

Behad ka Sadguru hai soch samaj mana mahee.

(The ear-whispering Guru is of the Limited; he is not of the Unlimited.

Of the Unlimited is the Sadguru. Grasp this clearly in the mind.)

Although by 'ear-whispering' Kabir speaks specifically of the 5th plane Gurus, Gurus of the 6th plane may also be included as both are within the domain of the Limited.

We find three types of Gurus or Masters in the world at all times:

1) The impostor

2) The genuine but limited Guru—the Wali or Master of the 5th plane and the Pir or Master of the 6th plane;

3) The perfect Guru or Sadguru who is God-realized.

18
샛구루야말로 무한한 이다

카비르(Kabir)는 말했다:

귀에 속삭이는 구루는 한정성(Limited)에서 온 구루다. 무한정성(Unlimited)에서 온 구루가 아니다. 샛구루(Sadguru)는 무한정성의 존재다. 이 사실을 명확하게 이해하라.

여기서 카비르가 말하는 '귀에 속삭임'은 분명 5경지 구루의 속삭임을 뜻하지만, 6경지의 구루도 한정성의 영역에 있기는 마찬가지다.

이 세상에는 항시 세 종류의 구루나 마스터들이 존재한다.

1) 사기꾼

2) 진실되지만 한정된 구루 – 5경지의 스승인 왈리(Wali)와 6경지의 스승인 피어(Pir)

3) 신적 깨달음(God-realization)을 이룬 완벽한 구루 또는 샛구루(Sadguru)

왈리는 누군가가 마음에 들면, 그의 귀에 신성한 단어(divine Word)를 속삭이거나 눈을 한동안 응시함으로써, 그 사람의 의식을 한순간에 더 높은 단계로 끌어올릴 수 있다. 이렇게 고도의 의식단계로 올려진 사람은, 원한다면 주변에 있는 모든 사람들의 생각을 섭

When a Wali is pleased with someone he whispers or breathes a divine Word in his ear, or he looks steadily into the eyes of the person concerned andcauses a lift in that person's consciousness. In this heightened consciousness the person can easily read the thoughts of those near him if he wants to. He sees coloured lights and sometimes sees the face of the Wali within the light.

But the Wali may raise one to his own level of consciousness and cause him to identify himself with the mental body, and he sees his gross and subtle bodies distinctly as garments that he wears. Although this raising of another's consciousness is not mere hypnotism but bestowal of an experience of a very high order, the state enjoyed, being within the domain of limitation (Had), is still part of the passing-show of illusion. The angle of vision has merely shifted from what it was previously. The view is vastly greater, but he still faces Maya* with his back to God.

A Pir does not use either of the methods of the Wali. When he is pleased with someone he may ask for a glass of water or a cup of tea and taking a sip or two may give it to him to drink; or he may ask the person for something such

게 읽을 수 있게 된다. 그는 다양한 색깔의 빛을 보게 되며, 때로는 그 빛 안에서 왈리의 얼굴을 보기도 한다.

왈리는 다른 사람을 자신과 똑같은 수준으로 끌어올려, 그 사람이 스스로를 정신적 신체(mental body)로 여기게 할 수 있다. 그래서 그의 물질적 신체(gross body)와 기적 신체(subtle body)가 단지 자신이 입은 옷과 같다는 것을 알게 할 수 있다. 이렇게 타인의 의식을 끌어올리는 것은 최면술에 불과한 사소한 일이 아니라, 영적 경지에서 매우 고단계의 체험을 타인에게 부여하는 것이다. 하지만 이것이 고도의 경지라 해도, 이 체험도 한정성(Had)의 영역에 해당되기 때문에 여전히 환상 속에서 얼핏 흘러가는 쇼의 일부이다. 같은 환상을 보는 각도만 바뀐 것이다. 그 관점은 이전보다 훨씬 높아졌지만, 그는 여전히 신을 등진 채 마야*(Maya)만을 바라보고 있는 것이다.

피어는 왈리와 같은 방편들을 사용하지 않는다. 그는 누군가가 마음에 들면, 물이나 차 한 잔을 달라고 한 뒤 자신이 한두 모금 마시고는 돌려주어 그에게 마시라고 한다. 또는 손수건이나 목도리 같은 것을 달라고 한 뒤 한동안 쓰다가 그에게 돌려줄 수도 있다. 대수롭지 않아 보이는 이런 행위를 통해, 피어는 아무리 낮은 경지에 있던 사람이라도 그 경지에서부터 중간 경지들을 거쳐 피어 자신의 경지까지 의식을 끌어올릴 수 있다. 그리하여 그 사람을 180도 완전히 전환시켜 마야를 영원히 등지게 하고, 형언할 수 없는 신의 아름다움

as a handkerchief or scarf and after using it for some time return it to him. By such a seemingly insignificant action the Pir may bring him up through any of the lower planes, even to his own station and cause him to take a complete about-turn so that Maya is forever behind him and before him is the indescribable beauty and glory of God.

In his lifetime a Wali and a Pir can raise one person or at the most two persons to his own level of consciousness. A Pir cannot take anyone beyond the sixth plane, which denotes the very edge of Limitation. There is an abyss to be crossed between the sixth and the seventh planes of Consciousness – between the last point in Limitation and infinite Limitlessness, the Goal.

A Pir is himself in the realm of duality and therefore cannot take anyone to the Unitive state of Unlimited Consciousness; a Sadguru being beyond the bounds of Limitation, can and does do so. He utilizes infinite ways (including direct physical touch, or even just a wish) for the bestowing of His grace on the ones He chooses, to make them transcend duality and merge in the Consciousness of God the Unlimited (Behad).

과 영광을 직면하게 할 수 있다.

왈리와 피어는 일평생 한 사람에서 최대 두 사람까지 자기 의식의 경지로 끌어올릴 수 있다. 피어도 한정성의 최종 경계에 있는 6경지 너머로는 누군가를 인도해주지 못한다. 6경지와 7경지의 의식 사이에는 영혼이 건너야만 하는 깊은 심연이 가로놓여 있다. 이 심연은 '한정성의 마지막 지점'과 영혼의 참목표(Goal)인 '무한한 무한정성'(Infinite limitlessness) 사이에 놓여 있다.

피어는 그 자신도 이원성의 영역에 속해 있기 때문에, 다른 누구도 무한한 의식(Infinite Consciousness)과의 합일상태로 인도할 수 없다. 그러나 삿구루는 이미 한정됨을 초월한 존재이기 때문에 다른 이를 그렇게 인도할 수 있고, 실제로 그렇게 한다. 삿구루는 직접 몸을 만진다든가 그저 마음으로 바라기 등 셀 수 없이 많은 방편을 사용하여, 원한다면 자신이 선택한 이에게 그분의 은총(His Grace)을 베풀어 그 사람이 이원성의 영역을 넘어서 무제한적 신의 의식에 흡수되도록 할 수 있다.

왈리나 피어는 의식을 끌어올리고자 하는 상대와 같은 물질적 공간에 있어야만 그렇게 할 수 있다. 그러나 만일 삿구루가 그분의 은총(His Grace)을 어떤 사람이나 사물에 베풀고자 한다면, 시간이나 공간은 결코 장애물이 될 수 없다. 그 사람이 수천 리 떨어진 먼 곳에 있거나, 심지어는 육체적 몸을 이미 떠난 영혼이라 해도 상관 없다. 삿구루가 그저 바라기만 하면, 그 순간 그 개별적 존재는 무제한

A Wali or a Pir necessarily requires the physical presence of a person whose level of consciousness he intends to raise. But time and space are no obstacles to a Sadguru when he wishes to bestow His Grace on any person or thing. The person concerned may be thousands of miles away or not even in a physical body. Just a wish of the Sadguru can instantaneously establish that particular individual in the consciousness of the seventh plane of Limitlessness (Behad).

But where are these planes and spheres? They are all within you. You are not conscious of them because different states of consciousness give rise to different levels of consciousness. For example, take an ant as representing the first plane, a dog the third plane, an elephant the fifth plane and a man the seventh plane of consciousness. The ant, the dog, the elephant and the man move on the same earth, but there are worlds of difference in their levels of consciousness. The Limited and the Limitless lie within you. Rather they are you, but you do not experience them so because of the falseness attached to the Real 'I' which causes it to play the part of the false 'I'.

적(Behad) 7경지 의식 안에 확립될 것이다.

그렇다면 이 경지들과 영역들은 어디에 있는 것일까? 그것들은 모두 그대 안에 있다. 그대가 그것들을 의식하지 못할 뿐이다. 이것은, 각자의 의식 상태가 그의 의식 수준을 결정하기 때문이다. 예를 들면, 개미의 의식을 1경지, 개의 의식을 3경지, 코끼리를 5경지, 인간의 의식을 7경지라고 해보자. 개미, 개, 코끼리, 인간은 모두 같은 지구에서 살지만, 그들의 의식 수준은 하늘과 땅만큼 다르다. 유한함(Limited)과 무한함(Limitless)은 둘 다 그대 안에 있다. 더 정확하게 말하면, 이 둘은 그대 자체다. 다만 '참된 나'(Real 'I')에 들러붙은 온갖 거짓됨에 의해 그대가 '거짓된 나'(false 'I')의 역할을 하고 있기에, 이 둘이 그대 안에 있음을 체험하지 못하는 것이다.

모든 의식의 대격변(upheavals)은 그 의식의 한정성을 벗어나지 못한다. 피어는 다른 누군가에게 신을 보게 할 수 있지만, 그 사람의 '참된 나'(Real 'I')에는 여전히 거짓됨이 붙어 있다. 반면 삿구루는 정확한 순간에 모든 거짓됨을 완전히 쓸어가버린다. 어떻게 그는 이렇게 할 수 있을까? 이것은 설명할 수 없는 일이다. 오로지 지식 자체(Knowledge itself)인 사람만이 이런 일을 할 수 있다. 모든 거짓됨이 완전히 떨어지면, 참된 개체성(Real Individuality)이 확립된다. 바로 이것이 '나는 신이다'(I am God)의 상태다.

한정성의 한계를 초월하여 무한정성 속에 확립될 수 있는 유일한 길은, 완벽한 스승(Perfect Master)에 대한 사랑 속에서 먼지가 되는

All upheavals are in the limitations of the consciousness. A Pir can make one see God, but even then one's real 'I' still has falseness attached to it. A Sadguru, at the right moment, whisks away entirely the entire falseness. And how does He do it? That is inexplicable. Only he who is Knowledge Itself can do this. When falseness is entirely shed, Real Individuality is established. This is the 'I am God' state.

The only way to get beyond the bounds of Limitation and get established in Limitlessness, is to become as dust in one's love for the Perfect Master. So Tukaram, one of the Perfect Masters, has said:

Sadguru vachoni sapday-ne-soye, Dharave-te-paye adhee adhee.

Without the Grace of the Perfect Master you cannot find the way to the Goal;

Before and above everything else hold firmly to His feet.

---

*Maya: The Principle of Ignorance.

것이다. 완벽한 스승 중 한 사람인 투카람(Tukaram)은 이렇게 말했다.

완벽한 스승의 은총 없이는, 그대는 목표(Goal)로 향하는 길도 찾을 수 없다.

그 무엇보다 모든 것에 앞서, 그분의 발을 꽉 붙들어라.

---
*마야(Maya): 무지(Ignorance)의 원칙

19

The Divine Pretence

Jesus had Christ-consciousness. This means that Jesus was conscious of Himself as Christ. Jesus the Christ was in Judas; and as Jesus the Christ in Judas He knew that Judas would betray Him. Yet He remained as though He knew nothing.

This divine Pretence of the All-knowing is the principle of His Leela—the Divine Sport of the eternal Christ.

19
신성한 허위

예수는 그리스도 의식(Christ-consciousness)을 지녔다. 이 말은, 예수가 스스로를 그리스도로 의식했다는 뜻이다. 예수 그리스도는 유다(Judas) 안에도 있었다. 그분은 유다 안의 예수 그리스도로서, 유다가 자신을 배신할 줄 알고 있었다. 그럼에도 그분은 아무 것도 모르는 척 하였다.

전지(All-knowing)한 존재의 이 신성한 허위(divine Pretence)는 그분의 릴라(Leela)의 원칙이다. 릴라란, 영원한 그리스도의 신성한 놀이를 말한다.

20

A Plight

The Soul's knowing that it knows everything is Dnyan (Knowledge). Dnyan is the All-knowing experience of the Soul. The Soul says, 'Now I know that I know everything.' The All- knowing Soul's not knowing that it knows, was pure imagination.

Oh! You ignorant, All-knowing Soul, what a plight you are in;

Oh! You weak, All-powerful Soul, what a plight you are in;

Oh! You miserable, All-happy Soul, what a plight you are in.

What a plight! What a sight! What a delight!

20
곤경

'자신이 모든 것을 다 안다'는 것을 영혼이 알 때, 이것을 단얀(Dnyan) 또는 지식(Knowledge)이라고 한다. '단얀'은 영혼(Soul)이 자신의 전지(全知)함을 체험하는 것이다. 이때 영혼은 '나는 지금 안다. 내가 모든 것을 알고 있다는 사실을.'이라고 말한다. 전지한 영혼이 자신의 전지함을 몰랐던 것은, 순전히 상상(imagination)에 불과했다.

오 무지한 그대, 무지하면서도 전지한 영혼이여(Soul)이여! 그대가 얼마나 곤경에 처해 있는지 아오.

오 나약한 그대, 나약하면서도 전능한 영혼(Soul)이여, 그대가 얼마나 곤경에 처해 있는지 아오.

오 우울한 그대, 불행하면서도 온 지복에 찬 영혼(Soul)이여, 그대가 얼마나 곤경에 처해 있는지 아오.

이런 곤경(Plight)이 다 있다니! 이런 현상(sight)이 다 있다니! 이런 즐거움(delight)이 다 있다니!

21

Imparting of Knowledge

Knowledge is imparted in two ways—indirectly and directly. There are two steps in the imparting of indirect Knowledge and two different ways in imparting direct Knowledge.

In order to make a clear picture let us liken gross-consciousness of the ordinary human-being to remote village-life, and God- consciousness of the realized-being to life in New York, and the six states of involution of consciousness to six halts or ports of call between the two places.

If you as a villager go to New York and remain there absorbed in the life of the city, you will not be able to tell those who have stayed in the village about your experience. But if you return to the village with your new knowledge, and, at the same time, remember the speech and ways of the villagers, you will be able to describe to them what you

21
지식의 전달

지식(Knowledge)은 두 가지 방법으로 전해진다. 바로 직접적인 방법과 간접적인 방법이다. 간접적인 지식의 전달에는 두 단계가 있으며, 직접적인 지식의 전달에는 두 가지 방법이 있다.

좀더 명확한 이해를 위해 비유적으로 물질적 의식(gross-consciousness)을 지닌 평범한 사람을 시골 사람이라고 하고, 신의식(God-consciousness)을 지닌 깨달은 존재를 뉴욕 시민이라고 하자. 그리고 '의식의 역진화'의 여섯 경지들을, 시골에서 뉴욕 사이에 거쳐야 하는 정거장이나 항구들이라고 하자.

만일 시골사람인 그대가 뉴욕에 가서 도시의 삶에 빠져 거기 머문다면, 시골에 남아있는 사람들에게 자신의 체험에 대해 알려줄 수 없을 것이다. 그러나 그대가 도시에 대해 알고 나서도 시골사람들의 말투와 행동을 기억하고 다시 시골로 돌아온다면, 자신이 도시에서 보고 체험한 바를 얘기해주고 몇몇 사람에게는 도시로 가는 여행을 해보라고 격려할 수 있을 것이다.

그러나 단지 설명만으로는 그들의 흥미를 무한정 끌지는 못할 것이다. 그래서 그대는 색색의 슬라이드쇼와 동영상을 통해서 사람들

have seen and experienced, and so encourage some of them to make the journey also.

But you cannot sustain their interest indefinitely by description alone, so, through the aid of coloured slides and a projector you give them actual glimpses of New York. This brings Reality more vividly before the seekers' minds and spurs their interest to make the journey.

Now, there are two ways in which a villager can travel: either on his own under your directions, in which case he is exposed to the enchantments of each port of call—but his love and faith and full trust in you will save him from being ensnared and never completing the journey; or you may take him blindfolded under your personal care and he sees nothing until he reaches New York with you and you take the bandage from his eyes. This is the safer and quicker way. But whichever way, when he arrives at his destination he sees and experiences directly all the wonder and grandeur that he had only glimpsed on the screen.

The direct knowledge of God is that Knowledge (Dnyan) had through the experience of becoming one with God and can only be had by the grace of the Perfect Master. But indi-

에게 뉴욕의 실제 모습을 엿볼 수 있게 해 줄 것이다. 이렇게 하여 구도자들의 마음에 실재(Reality)의 모습을 더 실감나게 보여줄 뿐 아니라 그들이 영적여행을 시작하도록 흥미를 자극할 수 있다.

자, 이때 시골사람이 여행할 수 있는 두 가지 방법이 있다. 첫번째는 그대의 지시하에 여행하는 방법이다. 이 경우에는 여행 도중 거쳐야 하는 정거장들의 아름다움에 홀릴 가능성이 있는데, 이때 시골사람이 그대에게 가지는 완전한 신뢰와 믿음, 사랑이 그가 유혹에 빠지지 않고 여행을 끝마치도록 구해줄 것이다. 두 번째 방법은, 그대가 시골사람을 보살펴주면서 두 눈을 붕대로 가린 채 뉴욕까지 데려가서 도착한 후에야 붕대를 벗겨주는 것이다. 이 두 번째가 더 안전하고 빠른 방법이다. 그러나 어느 길로 가든 목적지에 도착하면, 지금까지 화면에서만 언뜻 보았던 모든 풍경의 웅장함과 아름다움을 직접 체험하게 될 것이다.

신에 대한 직접적인 지식은 신과 하나 되는 체험을 통해 얻어지는 참지식(Dnyan)이며, 이는 오직 완벽한 스승의 은총을 통해서만 가능하다. 설명이나 사진 등으로 얻어지는 간접적인 지식은 오직 마음(mind)을 위한 정보이다.

실재를 안다는 것은 실재가 되는 것이다. 실재는 그대와 가장 가깝다. 사실 실재가 그대이기 때문이다. 무지로 인해 그대와 가장 가까운 신이 가장 멀리 있는 듯 보이는 것이다. 그러나 그대를 가려온 무지의 베일(veil of ignorance)이 완벽한 스승에 의해 걷혀지면, 그

rect knowledge such as that obtained through descriptions and pictures is information for the mind only.

To know Reality is to become it. It is nearest to you – for, in fact, it is you. Owing to ignorance God who is nearest appears to be farthest. But when the veil of ignorance is rent by the grace of the Perfect Master you become you—the real Self which is the innermost Reality that you are, ever were and ever will be.

대는 자신의 가장 깊은 내면에 자리한 언제나 있었고, 앞으로 언제나 있을 실재의 그대(참나)가 된다.

22

Types of Knowledge

Knowledge is of three types:

1. Material Knowledge

(Bahaya Dnyan) of the external: comprises knowledge pertaining to worldly matters(affairs of the world), gained naturally or acquired through study. This knowing is ignorance of Ignorance.

2. Spiritual Knowledge

(Antar Dnyan) of the internal: comprises the spiritual experiences of the Subtle Planes and of the Mental Planes. Experiencing the Subtle Planes is ignorance of Knowledge. Experiencing the Mental Planes is knowledge of Ignorance. The inner experiences of the Subtle Planes may be said to be divine hallucination; while the inner experiences of the Mental Planes may be said to be a spiritual nightmare of longing for Union withGod. Inner experiences end in Divine Awakening.

22
지식의 세 종류

지식 (앎, Knowledge) 에는 세 종류가 있다.

1. 물질적 지식

외부의 바하야 단얀(Bahaya Dnyan): 이것은 세상적인 일들(세속에 관한 지식)로 구성되며, 자연스럽게 알게 되거나 공부를 통해 습득된다. 이 지식은 무지(ignorance)에 관한 지식이기에, 무지에 불과하다.

2. 영적 지식

내면의 안타르 단얀(Antar Dhyan): 이것은 기적 경지들(Subtle planes)과 정신적 경지들(Mental planes)의 영적 체험들로 구성된다. 기적 경지들의 체험은 '참지식에 대한 무지'(ignorance of Knowledge)다. 정신적 경지들의 체험은 '무지(잘못 앎)에 대한 지식'(knowledge of Ignorance)이다. 기적 경지들의 내면적 체험은 신성한 환각(幻覺)이라고 할 수 있다; 그리고 정신적 경지들의 내면적 체험은 '신과의 합일'을 애타게 갈망하는 영적 악몽(惡夢)이라 할 수 있다. 신성적-깨어남(Divine-awakening)은 내면적 체험의 종말을 가져온다.

3. Divine Knowledge

(Brahma Dnyan) of Godhood: is God's own Infinite Knowledge. This is knowledge of the Knowledge.

Bahaya Dnyan is mastered by a very few.

Antar Dnyan is mastered by a very, very few.

Brahma Dnyan is attained by a rare one.

The Brahma-Dnyani is All-knowing and All-knowledge, for He has become the Source of Knowledge and is Knowledge Itself.

3. 신성한 지식

신격(Godhood)의 브라마 단얀(Brahma Dnyan) : 이것은 신 자신의 무한한 지식이다. 이는 '참지식에 대한 지식'(knowledge of the Knowledge)이다.

극소수가 바하야 단얀(물질적 지식)을 증득(證得)한다.

아주 극소수가 안타르 단얀(영적 지식)을 증득한다.

극히 드문 한 사람만이 브라마 단얀(신성한 지식)을 증득한다.

브라마-단야니(브라마 단얀을 이룬 사람)는 모든 참지식의 근원이 되어 참지식 자체가 되었기에, 전지(All-knowing)한 동시에 전-지식(All-knowledge) 자체이다.

대가 부재(不在)하지 않도록.

23

Introductions

As a rule an introduction is required between people who do not know one another. Such introduction is not felt to be necessary when there is a give and take of love between persons, for hearts need no introduction. An affinity can be felt between strangers, a feeling of having known one anotherbefore. This feeling is because of their connections in previous lives.

No one requires an introduction to me, for no one is a stranger to me. However, I am a stranger to most, and those coming and remaining in my presence do not do so without introduction. As a matter of fact, they have come with many introductions – for many times in previous lives have they been introduced to me and have gone away and forgotten me and met me again. All these introductions are their introduction to me this time.

23
소개

보통 서로 모르는 사람들 사이에 소개가 필요하다. 그러나 서로 사랑을 주고받는 상황에서는 이런 소개가 필요치 않다고 느낀다. 가슴(heart)과 가슴 사이에는 소개할 필요가 없기 때문이다. 낯선 사람들 사이에서도 언젠가 서로 알았던 것 같은 친밀감을 느낄 때가 있다. 이런 느낌은 전생에 인연이 있었기 때문에 생기는 것이다.

그 누구도 내게 소개가 필요한 사람은 없다. 나에게 낯선 사람은 아무도 없기 때문이다. 그러나 대부분의 사람들은 나를 낯설어한다. 또한 내 곁에 와서 나와 함께 지내는 많은 사람들 중에 소개 없이 온 사람은 없다. 사실, 그들은 여러 번 소개를 받았다. – 수많은 생을 거치며 내게 수없이 소개를 받았다가, 나를 떠나 잊어버리고 다시 만난 것이다. 그래서 이번 만남이 그대들에게는 첫 소개이지만, 내게는 그렇지 않다.

24

Sahavas Sayings

---

* "Love is such that the lover needs no asking to do anything."

* "By loving, your whole being will be changed and your life will end in Freedom."

* "The gift of love is a rare gift of God, and rarely is one capable of receiving it."

* "God is infinitely more vital to your existence than your breath which is your very life. Ordinarily, life is associated with breath; but you only become aware of this when breath is restricted through exertion, and you only completely realize this when breath is cut off altogether as when drowning. Similarly, you only become aware that God is your existence when you pant for Him, and you only finally realize Him when you drown in His Ocean of divine Love."

* "It is difficult for one to understand the Spiritual Path, and still more difficult to get on the Path."

24
사하바스의 명언들

"사랑은 러버로 하여금, 뭐든지 물어보지 않고도 할 수 있게끔 한다."

"사랑함으로 그대의 존재 전체가 변하여, 그대의 삶도 결국 참자유(Freedom)를 이룰 것이다."

"사랑의 선물은 고귀하고 드문 신의 선물(gift of God)이며, 그 선물을 받아들일 수 있는 자도 드물다."

"신은 그대의 존재를 유지하는 데 생명 자체인 호흡보다도 무한히 더 중요하다. 보통 생명은 숨과 연관된다. 그러나 그대는 숨이 찰 때에만 호흡을 의식한다. 즉 물에 빠졌을 때처럼 숨이 막힐 때에만 숨의 중요성을 완전히 인식하게 된다. 마찬가지로 신이 그대의 존재 자체라는 사실은, 질식하기 직전의 사람이 숨을 찾듯이 그대가 그분을 갈망할 때에만 알게 된다; 또한 그대가 그분의 신성한 사랑의 바다(His Ocean of divine Love)에 빠져 익사할 때에만 비로소 그를 깨달을 것이다."

"영적 경로를 이해하는 것도 어려운 일이지만, 그 길 위에 올라선다는 것은 더더욱 어려운 일이다."

* "What is fasting the mind? It is having no thoughts. But this is impossible. But when you entrust your mind to me by constantly remembering me, there are no thoughts left on which the mind can feed. This fasting is the true and essential fasting. Starving the stomach may benefit the health but it does not necessarily help spiritual advancement."

* "You say that you see me in dreams. These dreams arise from your own impressions formed through your love and faith in me. Do not attribute them to me. I have come into your midst to awaken you from the long, drawn-out Dream of Illusion—not to create more dreams for you!"

"마음의 단식(fasting the mind)이란 무엇인가? 이것은 '어떠한 생각도 없음'을 뜻한다. 하지만 이는 불가능하다. 그러나 그대가 나를 끊임없이 기억함으로써 자신의 마음을 내게 맡긴다면, 그대의 마음은 더 이상 먹을거리가 없게 된다. 바로 이러한 단식이 진정한 단식이며, 필수적인 단식이다. 배를 굶기는 일은 건강에는 좋을지 모르지만, 영적 진보를 돕는다는 보장은 없다."

"그대는 나를 꿈에서 보았다고 얘기한다. 그 꿈들은 나에 대한 사랑과 믿음으로 인해 축적된 그대의 인상들(impressions)에 의해서 생겨난 것이다. 그 꿈을 내 덕으로 돌리지 말아라. 내가 내려와 그대들과 함께 하는 이유는 더 많은 꿈을 창조하기 위해서가 아니라, 이 길고 지겹게 늘어지는 환상의 꿈(Dream of Illusion)에서 그대를 깨우기 위해서다!"

25

Do Not Absent Yourself

He who has eyes but does not see,

He who has ears but does not hear,

He who has a tongue but does not speak, He can see Me as I should be seen, and can know Me as I should be known.

This does not mean that you should become inactive. On the contrary it means that you should be constantly alert towards the expressive Beauty of the All-pervading Beloved. On this Hafiz has said, If you want your Beloved to be present, do not absent yourself for one moment from His Presence.

The Perfect Master is in everything, and is the Centre of everything. Every one and every thing is therefore equidistant from Him. Though, owing to our own limitations, He appears outwardly to be present at only one place at a time, He is on every plane of consciousness at one and the same

25

현존을 놓치지 마라

눈이 있는데도 보지 않는 이,

귀가 있는데도 듣지 않는 이,

혀가 있는데도 말이 없는 이,

그이야말로 나를 제대로 볼 수 있고,

나를 제대로 알 수 있네.

이 말은 그대더러 일체의 활동을 그만두라는 이야기가 아니다. 오히려 만유에 편재해계신(All-pervading) 비러벳의 드러난 아름다움에 끊임없이 깨어있으라는 뜻이다. 이에 대해 하피즈는 말했다. "그대의 비러벳이 늘 함께 하길 원한다면, 단 한 순간도 그분과의 현존(His Presence)을 놓치지 마라."

완벽한 스승은 일체 모든 것 안에 있으며, 모든 것의 중심이다. 그러므로 모든 이와 모든 것은 그분과 같은 거리에 있다. 비록 그대 자신의 한계들로 인해 그분이 표면적으로는 어느 한 때 한 장소에만 계신 것 같지만, 그분은 모든 의식의 경지들에 동시에 공존한다. 그분을 있는 그대로 보는 것이, 바로 신 자체를 보는 것이다.

그러니 주의하라. 신성한 비러벳이 그대 가슴의 문을 두드릴 때, 그

time. To see Him as He is, is to see God.

So beware lest when the divine Beloved knocks at the door of your heart He finds you absent.

26

Want what I want

I am God – God the Beyond and God in human form. I draw you ever closer to me by giving you frequent occasions of my companionship. But familiarity often makes you forget that I am God.

I know all that happens and will happen. Whatever happens does not happen without my will. Knowingly I allow things to happen in their natural course.

All I ask of you is that you love me most and obey me at all times. Knowing that it is impossible for you to obey me as you should, I help you to carry out wholeheartedly what I give you to do by repeatedly bringing to you the importance of obedience.

Always do what I want, instead of wanting me to want what you want. Most of you want me to want what you want; and when you succeed in getting me to agree to what you want you are delighted and even tell others that that is

26
내가 원하는 것을 원하라

나는 신이다. – 초월의 신(God the Beyond)인 동시에 인간 형태(human form)의 신이다. 나는 그대와 내가 함께 할 기회를 자주 마련함으로써 그대를 내게 점점 더 가까이 끌어당긴다. 그러나 나와의 친밀함은, 내가 신이라는 사실을 그대가 자주 잊게끔 만든다.

나는 벌어지는 모든 일들을 알며, 앞으로 일어날 모든 일들도 안다. 그 어떤 일도 나의 뜻(my will) 없이는 일어나지 않는다. 나는 알면서도, 모든 현상이 자연적으로 일어나도록 허용한다.

내가 그대에게 바라는 전부는, 나를 가장 사랑하는 것과 언제나 내게 복종하는 것이다. 그대가 내게 제대로 복종하는 것이 불가능함을 알기에, 나는 복종의 중요성을 그대에게 되풀이하여 얘기함으로써 나의 지시를 그대가 전심(全心)으로 이행할 수 있게 돕는 것이다.

언제나 내가 원하는 것을 하라; 그대가 원하는 것을 내가 원하길 바라지 말고. 그대들 대부분은, 자신이 원하는 것을 내가 원하기를 바란다. 그래서 자신이 원하는 무언가를 얻는 데 나의 동의를 받아내고 좋아하면서, 남들에게까지 '그것이 바바가 원하는 바'라고 자랑하고 다닌다. 예를 들어, 그대 중 한 사람이 어린 청년을 데리고 와

유와 무 | 119

what I want! For example, one of you brings a youth to me saying, Baba, this is so and so. He is a double graduate and would be an excellent match for my daughter who is also a double graduate. I need your approval. When I do not approve, you persist saying, But Baba, he really is a good boy and would suit my daughter very much. So I say, Is that so? All right—approved! And as soon as you step out of the room you start telling others that I want your daughter to marry that youth. This sort of thing is common with most of you. When I approve of what you want to do, you say, It is what Baba wants me to do. Be honest and careful in what you say. What I want of you is that you try your best to want what Baba wants.

I know it is not easy to want what I want. In fact, it is impossible for you to want what I want, for it is impossible for you to love me as I should be loved. But at least, do not always be wanting me to want what you want, and try your utmost to put your heart and soul into doing whatever I want you to do.

Only intense love for me can bring you to obey me as I want you to.

서 내게 누구라고 소개를 한다. 그리고는 그가 이중 학위를 취득했으니, "똑같이 이중 학위를 딴 제 딸과 딱 맞는 결혼상대가 아닙니까?" 하고 물어본다. 나의 허락이 필요하다고 말이다. 만일 내가 승낙하지 않으면, "그런데 있잖아요. 그 청년 정말 좋은 사람이고, 우리 딸이랑 너무 잘 어울리지 않습니까?" 하고 계속해서 우겨댄다. 그러면 나는 마지못해 "정 그렇다면 좋다. 승낙한다!"고 말한다. 그러면 그대는 문밖을 나서자마자 내가 자신의 딸과 청년의 결혼을 원했다고 남들에게 말하기 시작한다. 대부분의 그대들은 이런 식이다. 그대가 하고 싶은 무언가를 내가 승낙하면, 바바가 자신에게 원하는 일이라고 말한다. 말을 할 때, 정직하고 조심스럽게 하라. 내가 그대에게 원하는 바는, '바바가 원하는 것을 원하려고 최대한 노력하는 것'이다.

내가 원하는 것을 원하기가 쉽지 않다는 것을 안다. 사실 내가 원하는 것을 그대가 원한다는 것은 불가능하다. 왜냐하면, 그대가 나를 제대로 사랑하는 것이 불가능하기 때문이다. 그러니 최소한, 늘 자신이 원하는 걸 내가 바라길 원하지는 말라. 내가 그대에게 바라는 것이 무엇이든, 그대의 가슴과 영혼으로 최선을 다하려고 노력하라.

오직 나에 대한 강렬한 사랑만이, 내가 원하는 바대로 그대가 복종할 수 있게 해 줄 것이다.

27

Your Gift of Obedience

Let your heart be pure. Do not act outwardly what you are not inwardly. Be absolutely honest. God is Infinite Honesty.

Do not pose as being pious, because God is everywhere. God cannot be fooled—so why pose as something you are not?

I do not want anything else from you but the gift of your obedience. Give me that and you will free yourself from the bondage of ignorance.

27
그대가 바치는 복종의 선물

그대의 가슴(heart)을 순수하게 지녀라. 그대의 안과 겉이 다르지 않게 행동하라. 완전히 정직하라. 신은 무한한 정직함이다.

신은 모든 곳에 계시니, 경건(敬虔)한 척 하지 마라. 신은 속일 수 없는 존재다. 그런데 왜 그대가 아닌 인물의 흉내를 내는가?

나는 그대에게 복종의 선물 외에 그 무엇도 바라지 않는다. 이것만 내게 준다면, 그대는 무지의 속박으로부터 자유로워질 것이다.

28

The Divine Response

The moment you try to understand God rather than love Him you begin to misunderstand Him, and your ignorance feeds your ego. Mind cannot reach that which is beyond it. God is infinite and beyond the reach of Mind.

The Divine Will that brought forth this infinite Illusion expresses itself in all its purity through me to make you turn away from Illusion towards God-consciousness.

Every moment I respond to the whole of creation. My response, being divine, is wholly from love. The many faces of that one response as you see them, are but the reflections of your many- mirrored mind. You view and judge my actions from your level of understanding and attempt to differentiate them in the light of your own limited standards of values. And so you misinterpret the different shades of my response to different people. Being unlimited I am simultaneously on all levels of consciousness; and, as such, in

28
신성적 반응

 신을 사랑하는 대신에 신을 이해하려는 순간부터 그대는 신을 오해하기 시작하며, 이로 인해 생겨나는 무지가 그대의 에고를 먹여살리게 된다. 마음(mind)은 그 자체를 초월하는 곳에 미치지 못한다. 신은 마음의 영역 너머에 있는 무한한 존재다.

 이 무한한 환상(infinite illusion)을 불러 일으킨 신성의 의지(Divine Will)는 나를 통해 스스로의 완전한 순수함을 표현하며, 이는 그대가 환상을 등지고 신-의식(God-consciousness)을 향하게 만들기 위해서다.

 매순간마다 나는 전체 창조세계에 반응한다. 나의 즉각적 반응은 신성적이기에 그 전체가 사랑으로부터 솟아나온다. 나의 하나의 반응이 그대 눈에 다양하게 보이는 이유는, 그대의 마음에 많은 거울들이 겹쳐있기 때문이다. 그대는 자신의 이해 수준에서 나의 행위들을 보고 판단하며, 그대만의 한정된 가치 기준에 의해 나의 행위들을 구별하려고 한다. 그리하여 내 반응의 미묘한 차이들을 잘못 해석하여 남들에게 전한다. 무제한적 존재인 나는 모든 의식의 수준에 공존한다. 그리하여 나는 단지 사람들 각자에게 축적된 인상들

my response I differentiate one from the other solely in the light of their impressions (sanskaras), or the different states of consciousness that the impressions give rise to. Each action of mine is a response in accordance with the necessity of the recipients on various planes of consciousness. And so by its very nature and magnitude my divine response sometimes appears enigmatic.

Do not try with your limited mind to understand the significance of my actions, nor try to imitate them. You must not do what I do, but do what I tell you to do. To try to bring my every action within the orbit of your understanding is but to understand the limitations of your own understanding!

At times when I see you confused I am moved by my compassion and love for you to give an explanation of the reason for a particular action of mine. And so it seems that I am defending my actions by giving explanations for them. And thus is shown your weakness and my strength.

But remember that despite my explaining the significance of my actions, they will ever remain beyond the range of your knowing. The utter simplicity of my divine Game ap-

(impressions, 산스카라)에 따라 다르게 반응하거나, 그 인상들이 일으키는 각기 다른 의식 상태들에 적합하게 반응한다. 나의 모든 반응들은 다양한 의식적 경지에 있는 수취인들의 필요에 따라 나오는 것이다. 그 반응의 본질과 규모에 따라, 나의 신성적 반응은 때때로 불가사의하게 보인다.

그대의 한정된 마음으로 내 행위의 의미를 이해하려 하거나, 흉내내려 하지 말라. 내가 하는대로 하지 말고, 내가 시키는대로 하라. 내 모든 행위를 그대 이해력의 범위로 끌어내리려는 것은, 오히려 자기 이해의 한계를 아는 것에 불과하다!

가끔씩 그대들이 혼란스러워 하는 모습을 보며, 나는 자비심에 이끌려 내 행위와 그 이유에 대해 설명해주곤 한다. 그렇게 나의 행위에 대한 설명을 함으로써 내 행동을 변호하는 것처럼 보일 때가 있다. 그러나 사실 이것은 나의 강점과 그대의 약점을 드러낼 뿐이다.

그러나 내 행위의 의미에 대한 설명을 아무리 듣는다 해도, 그 행위의 참의미를 그대의 이해의 범위로는 영원히 헤아리지 못할 것이라는 사실을 기억하라. 지극히 단순한 나의 신성적 놀이는, 그대의 머리(지능)로 헤아리려는 순간부터 갈수록 복잡해져 간다.

그대가 나와 함께 하면 할수록 그리고 나의 사랑을 열린 가슴으로 받아들일수록, 그대는 온 가슴으로(whole-heartedly) 나를 수용하게 된다. 또한 그대가 나를 보면 볼수록, 나를 이해할 수 없다는 확신이 더 커져만 간다. 그대의 지적인 이해력으로 나의 신성적 놀이를

pears to be highly intricate as soon as you try to understand it through your intellect.

The more you have of my company and receive of my love with an open heart the more whole-heartedly you begin to accept me. And the more you see of me the more convinced you become that you understand me less and less. Exerting yourself to comprehend my divine Game through the process of understanding opens up vast fields of speculation in which you wander and arrive sooner or later at a dead-end, finding yourself hopelessly lost.

If my actions cause confusion it is because of your lack of complete trust. Therefore uproot all doubt and remember well that whatever I do is for the best. All my actions are my divine response born of my divine love.

이해하려고 하는 것은, 언젠가 완전히 길을 잃어 막다른 골목에 이르게 될 온갖 억측의 범위만 늘리는 일이다.

만일 나의 행위들이 그대에게 혼란을 준다면, 그것은 나에 대한 완전한 믿음이 부족하기 때문이다. 그러니 일체의 의심을 뿌리뽑아라; 그리고 내가 어떤 행위를 하든 언제나 최선을 위한 행위라는 사실을 잘 기억하라. 나의 모든 행위들은 나의 신성한 사랑에서 비롯된 신성적 반응이다.

29

The Questioning Mind

Your love and faith has drawn you from hundreds of miles to be with me for a few hours. Although I sent you word that you should not ask me any questions I know that some of you are just waiting for the opportunity to ask some. It is the nature of the mind to go on asking. But love asks no questions; it seeks nothing but the will of the Beloved.

Mind wants to know that which is beyond mind. To know that which is beyond mind, mind must go—vanish, leaving no vestige of itself behind. The humour of it is, the mind, which is finite, wants to retain itself and yet know Truth, which is infinite. This is the position of those who seek Truth through intellect. Few grasp this fact, and so most grope and grapple.

It is easy to ask questions, but it needs past preparation to grasp what I explain. Those who have the authority to

29
의심 많은 마음

그대들의 사랑과 믿음은 나와 고작 몇 시간을 보내기 위해, 수백 마일의 먼 길을 그대들이 거쳐오게 하였다. 내게 어떤 질문도 하지 말라고 미리 통보를 하였음에도 불구하고, 그대 중 몇 명은 궁금한 것이 있어 질문할 기회만 기다리고 있다는 것을 안다. 계속해서 질문하는 것은 마음(mind)의 본성이다. 그러나 사랑은 어떠한 질문도 없다; 사랑은 비러벳의 뜻 말고는 무엇도 바라지 않는다.

마음은 그 자체의 범위를 넘어서 있는 무언가를 알고 싶어 한다. 마음을 초월하는 것을 알기 위해선 마음이 완전히 없어져야만 한다. – 마음이 어떤 흔적도 남기지 않고 완전히 사라져야 한다는 말이다. 우스운 일은, 한정된 마음이 자신을 버리지 않은 채 무한한 진실을 알겠다고 하는 것이다. 바로 이것이 지성(intellect)으로 진실을 찾으려는 사람들의 입장이다. 이 사실을 간파하는 사람은 극히 드물다; 그래서 대부분이 더듬거리며 악전고투하지만 허사로 끝나고 만다.

질문하기는 쉽지만, 나의 설명을 이해하는 데는 그 전의 준비가 필수적이다. 질문할 권한과 이해력이 있는 자들은 질문하지 않는다. 그들은 신이 이해불가능한 존재며, 의심하는 마음의 영역 너머에 있다

ask and the capacity to understand do not ask. They understand that God is un-understandable and beyond the reach of the questioning mind.

Every one wants to be happy. Each of you seeks happiness in one way or another invariably to meet with dissatisfaction and disappointment. In reality you are Bliss itself—but what a comedy Illusion stages before you, what game it makes of you to make you aware of it!

One of my lovers has complained, Baba, I have led a pure life yet I have had to suffer much. Perhaps others of you have a similar complaint; but you can only have such because you have no idea of the purpose behind it all. I do not mean that you should invite suffering; I mean, do not fear suffering or blame anyone for it.

According to the Law that governs the universe, all suffering is your labour of love to unveil your Real Self. In comparison to the Infinite Bliss you experience on attaining the I-am-God state, all the suffering and agony you go through amounts to practically nothing. I am the Source of Infinite Bliss. To draw you to me and to make you realize that you are Bliss Itself, I come amidst you and suffer infinite agony.

는 사실을 안다.

그 누구나 행복하길 원한다. 그대들도 각기 나름의 방법으로 (결국은 예외없이 불만족과 실망에 도달하게 될) 행복을 추구한다. 그러나 실제로, 그대는 지복 자체(Bliss itself)이다. ― 그러나 그대에게 이 사실을 일깨우려는 환상의 게임은 그대 앞에 코미디 같은 허상의 무대를 어찌나 잘 꾸미는지!

나의 러버 중 한 사람이 이렇게 말한 적이 있다. "바바, 저는 순수한 삶을 살았는데도 고통이 많았습니다." 그대 중 많은 이에게도 비슷한 불만이 있을 수 있다; 하지만 이런 불평은, 이 모든 것의 배후에 있는 근원적 목적을 전혀 알지 못할 때 생기는 것이다. 그렇다고 고통을 일부러 찾아다니라는 뜻은 아니다; 고통을 두려워 말고, 고통에 대해 누구도 탓하지 말라는 뜻이다.

우주를 다스리는 법에 의하면, 모든 고통은 그대의 참나를 드러내기 위한 그대의 사랑의 수고이다. '나는 신이다의 상태'(I-am-God state)에 도달하여 체험하게 될 무한한 지복(Infinite Bliss)에 비하면, 그대가 겪어온 모든 고통은 사실상 아무것도 아니다. 바로 내가 무한한 지복의 원천이다. 그대를 내게로 끌어당겨 그대가 지복 자체임을 깨닫게 하기 위해서, 나는 그대들 가운데 와서 무한한 고뇌를 겪고 있다.

내가 바로 고대의 그이(Ancient One)다. 자진하여 내가 '나는 신이다'라고 말할 때에는 그것에 대해 생각해보고 '나는 신이다'라는 결

I am the Ancient One. When I say I am God it is not because I have thought about it and concluded that I am God – I know it to be so. Many consider it blasphemy for one to say he is God; but in truth it would be blasphemous for me to say I am not God.

When you say, I am man, it is not a matter of possibly or perhaps. There is no doubt in your mind. No corroboration is needed and no contradiction could affect it. It is a matter of supreme certainty to you. Suppose you could descend to the level of animal consciousness while at the same time retaining human consciousness, what you would convey to the animal is, I am a man. I am a man and one day you too shall become man. I have come down to your level of consciousness while retaining Infinite Consciousness; and I repeatedly tell you that I am God in order to help you know that you too are God. I am God and everyone and everything is nothing but God, and one dayeveryone and everything too will become God consciously.

The greatest sin is hypocrisy. He is the greatest hypocrite, who, himself being one, asks others not to be hypocritical. I want you all to be honest. You should not pretend to be

론에 도달한 것이 아니다. – 있는 그대로의 사실로서 그것을 아는 것이다. 누군가 '자신이 신'이라고 할 때, 많은 사람들은 이것을 신성모독이라고 여긴다; 하지만 사실상 내가 '나는 신이 아니다'라고 말한다면, 그것이야말로 신성모독일 것이다.

그대가 '나는 인간이다'라고 말할 때, 그것은 어떤 가능성이나 확률의 문제가 아니다. 그대의 마음에는 전혀 의심이 없다. 이 확신에는 추가적인 증거가 필요 없으며, 그 어떤 모순도 이 확신을 흔들지 못한다. 이것은 그대에게 가장 확실한 일일 것이다. 예를 들어, 그대가 인간의 의식을 지닌 채 동물의 의식 수준으로 내려갔다고 하자; 그대는 동물들에게 '나는 인간이다'라고 할 것이다. "나는 인간이며, 동물들 역시 언젠가는 인간이 될 것이다."라고 얘기할 것이다. 나 역시 무한한 의식을 지닌 채 그대들의 의식 수준으로 내려왔다; 그리고는 그대들도 신이라는 사실을 일깨워주기 위해, '나는 신이다'라고 그대들에게 거듭 얘기하는 것이다. 나는 신이다; 일체 모든 이와 모든 것도 신이며, 언젠가는 모든 이와 모든 것이 의식적으로(consciously) 신이 될 것이다.

가장 큰 죄는 위선이다. 가장 나쁜 위선자는, 자신이 위선자면서 남들에게 위선을 행하지 말라고 하는 자다. 나는 그대들 모두가 정직하길 바란다. 있는 그대로의 자신이 아닌 어떤 척도 하지 않는 게 낫다.

그대 중 한 사람이 이렇게 말한 적이 있다. "바바, 저는 주어진 제

what you are not.

One of you has said, Baba, I am doing my duty honestly, yet I am not happy. Who is to be blamed for this? Does God take advantage of my weakness? I am happy with your frankness, but you have yet to come to that honesty which will show you that you cannot blame anyone for your condition. Whatever you want to be, that you become. However, if you want to blame anyone blame me, for everything in the universe has come out of me and so I am the only one who can be blamed. But you have no idea of my love and compassion which sustains your very being. In love is infinite compassion, and whatever happens is already tempered by compassion. You cannot understand this unless you go beyond the reach of mind.

If at all I did take advantage of your weakness it would be only for your advantage. Weakness is but a degree of strength. As Infinite Life I experience myself as everyone and everything; I enjoy and suffer through you to make you aware that you are Infinite.

Why should you not be happy? What need bind you to unhappiness? Binding is self-created. It can be overcome if

의무에 충실하고 있지만 행복하지 않습니다." 이에 대해 누구를 탓할 것인가? 신이 그대의 약점을 이용하는 것인가? 그대의 솔직함에 나는 행복하다; 하지만 그대는 자신의 상황에 대해 다른 누구도 탓할 수 없다는 것을 알게 되는 솔직함에는 아직 도달하지 못했다. 지금 그대의 모습이 어떠하든, 그것은 그대가 원해서 된 것이다. 그럼에도 만일 누군가를 탓하고 싶다면, 나를 탓하라; 이것은 우주의 모든 것이 내게서 나왔고 따라서 나 외에는 탓할 대상이 없기 때문이다. 그러나 그대의 존재 자체를 유지시켜 주는 나의 사랑과 자비심에 대해 그대는 전혀 알지 못한다. 사랑 안에는 무한한 자비심이 담겨 있고, 무슨 일이 벌어지건 이미 자비심에 의해 완화된 것이다. 이것은 마음(mind)의 영역을 넘어서지 않고는 이해할 수 없는 일이다.

만약에라도 내가 그대의 약점을 이용한다면, 그것은 오직 그대에게 이롭게 하기 위해서다. 약점도 일정한 수준의 강점이다. 무한한 생명(Infinite Life)인 나는, 모든 사람과 모든 것을 나자신으로서 체험한다. 그대의 무한함을 일깨워주기 위해, 나는 그대를 통해 즐기고 고통받는다.

그대가 행복하지 못할 이유가 있는가? 반드시 불행에 매달릴 필요가 있는가? 속박은 자신이 창조한 것이다. 만일 그대가 진정으로 자유를 원한다면, 극복할 수도 있다. 그대의 자유를 가로막는 방해물은 바로 그대 자신이다; 단지 자유를 바라는 것만으로는 부족하다. 중요한 것은 그대의 생각이나 말이 아니라, 그대가 가슴 깊이 진심으

you really want to become free. You are your own obstacle to freedom, and merely wishing for freedom is not enough. It is not what you think or say that matters, but what you sincerely feel within. If you want God, you must want God alone. It is possible to get God if you want to experience Truth. And what is the cost? Your own separate existence. When you surrender all falseness you inherit the Truth that you really are.

Truth is beyond the reach of mind. It is a matter of experience. Mind is very elusive and creates innumerable excuses in order to entrap you. It causes you to say, I cannot live just for God. I have my duty towards my family, towards society, the nation and the world. And so you are pulled more into Illusion than towards Truth.

Truth is simple, but Illusion makes it infinitely intricate. The person is rare who possesses an insatiable longing for Truth; the rest allow Illusion to bind them ever more and more. God alone is Real and all else that you see and feel is nothing but a series of nothings.

I am Infinite Knowledge, Power and Bliss. I can make anyone realize God if I choose to do so. You may ask, Why

로 느끼는 바다. 만일 그대가 신을 원한다면, 오직 신만을 원해야 한다. 참진실(Truth)을 체험하길 원한다면, 신을 얻는 것이 가능해진다. 이때 그 대가는 무엇인가? 그대의 분리된 존재성(separate existence)이 대가이다. 모든 허위성을 포기할 때, 그대는 진정한 그대 자신인 진실을 상속받을 것이다.

진실은 마음의 영역 너머에 있다. 진실은 체험해야 하는 것이다. 마음은 아주 교묘하여, 그대를 사로잡기 위해 무수한 핑계들을 만들어낸다. 그대로 하여금 '오로지 신만을 위해서는 살 수 없다'고 말하게 하는 것이 바로 그대의 마음이다. '내게는 나의 가족, 나의 사회, 나의 나라, 나의 세계를 위한 의무가 있다'고 말하는 것이 마음이란 얘기다. 그리하여 그대는 진실보다는 환상을 향해 더 끌려가는 것이다.

진실은 단순하다; 그러나 환상은 이것을 무한토록 복잡하게 만든다. 진실에 대한 끝없는 갈망을 지닌 사람은 드물다; 나머지 사람들은 환상이 자신들을 갈수록 더 속박하도록 허용한다. 오로지 신만이 유일한 실재다; 그 외에 그대가 보고 느끼는 모든 것은 무(nothing)의 연속에 불과하다.

나는 무한한 지식이며, 무한한 파워, 무한한 지복이다. 만일 내가 그러고자 한다면, 누구라도 즉각 신을 깨닫게 할 수 있다. 그러면 그대는 "왜 저를 깨닫게 해주지 않습니까?" 하고 물어볼 수 있다. 그러나 왜 그대여야 하는가? 그대 옆에 앉아있는 사람이나 길을 거니는

not make me realize God now? But why should it be you? Why not the person next to you or the man in the street, or that bird on the tree, or that stone – who are all one in different forms? The more you love me the sooner you will discard the falsehood you have chosen to hide under that hoodwinks you into believing you are what you are not. I am in all and love all equally. Your love for me will wear through your falseness and make you realize the Self that you truly are.

Mere intellectual understanding does not bring God nearer to you. It is love, not questioning, that will bring God to you. Questioning nourishes pride and separateness. So do not ask questions, but strive to become a 'slave' of the Perfect Master.

When your life presents an honest and sincere picture of your mind and heart just an embrace from a Perfect Master is enough to quicken the spirit. When I the Ancient One embrace you I awaken something within you which gradually grows. It is the seed of Love that I have sown. There is a long period and great distance between the breaking open of the seed and its flowering and fruiting. Actually the Goal

사람, 나무 위의 새나 저 돌은 어떤가? 그들은 모두 본래의 하나가 각기 다른 형태로 나타난 것 뿐이다. 그대가 나를 사랑하면 할수록, 여태껏 그대로 하여금 자신이 아닌 무엇인가를 자신으로 믿도록 속여왔던 거짓행세(falsehood)를 점점 버리게 될 것이다. - 즉 그대가 언제부턴가 그 뒤에 숨어살기로 결정한 자신의 가면을 결국 벗을 수밖에 없게 된다. 나는 모두의 안에 있으며, 모두를 동등하게 사랑한다. 나를 위한 그대의 사랑은 그대의 거짓을 닳아 없애고는, 진실로 그대인 참나(Self)를 깨닫게 할 것이다.

단지 지적인 이해만으로는 신을 가까이 오게 할 수 없다. 신을 그대에게 모셔오는 것은 그대의 사랑이지, 그대의 의문이 아니다. 의심은 자만심(pride)과 개별성(separateness)만을 먹여 살린다. 그러니 질문하는 대신에, 완벽한 스승의 '노예'가 되려고 노력하라.

그대의 삶이 그대 마음과 가슴의 정직하고 진실한 모습을 그대로 비추어줄 때, 완벽한 스승의 한 번의 포옹만으로도 성령의 강림을 재촉하기에 충분하다. 고대의 그이(Ancient One)인 내가 그대를 껴안을 때, 나는 그대 안에 계속해서 자라날 무언가를 일깨운다. 그것은 내가 심은 사랑의 씨앗이다. 그 씨앗이 발아하고, 꽃을 피우고, 열매를 맺기까지는 아주 오랜 시간이 걸린다. 그러나 사실 그 목표에는 멀거나 가까움이 없으며, 거리나 시간도 없다. 영원에서는 모든 것이 지금, 여기에 있다. 그대는 단지 있는 그대로의 자신이 되어야 할 뿐이다. 무한한 존재인 신이 바로 그대 자신이다.

is neither far nor near and there is no distance to cross nor time to count. In Eternity all is here and now. You have simply to become that which you are. You are God, the Infinite Existence.

30

Awake Dream State to Real Awake State

The First Song of the Infinite is the beginning of Creation. It brings about the apparent descent of the Infinite into the domain of multiple duality. Duality implies unending sufferings.

I am eternally happy for I know that I am the Infinite One. I alone exist; there is nothing besides me; all else is Illusion. Simultaneously, I suffer eternally.

I, as myself, am free. But in you, as you, I get myself bound. I knowingly suffer through you, to make you free from bindings. This is my crucifixion. Your experience of suffering is because of sheer ignorance; and your ignorance is my suffering.

You are sitting here before me, each one asserting his separate existence from the other. You come from different levels of society. You possess varied physical and mental aptitudes and abilities. Through the ego-mind you have

30
'깨어있는 꿈의 상태'에서 '참된 깨어남의 상태'로

무한함의 첫 노래가 천지창조의 시작이다. 이 첫 노래는 '다양한 이원성의 영역'(domain of multiple duality)으로 무한함의 현상적 (apparent) 하강을 초래한다. 이원성에는 끝없는 고통이 수반된다.

나는 영원토록 행복하다; 이것은 내가 무한한 그이(The Infinite One)임을 알기 때문이다. 오로지 나만이 존재한다; 나 외에는 아무 것도 존재하지 않는다; 나 외의 모든 것은 환상이다. 그런 동시에 나는 영원히 고통받는다.

내 자신으로서의 나는 자유롭다. 그러나 그대 안에 있는, 그대로서의 나는 자신을 속박한다. 그대를 속박에서 풀어주기 위해, 나는 알면서도 그대를 통해 고통받는다. 이것이 나의 십자가의 형벌 (crucifixion)이다. 그대가 고통을 겪는 이유는 순전히 무지(sheer ignorance) 때문이며, 그대의 무지가 바로 나의 고통이다.

그대들은 내 앞에 앉아서 각자의 분리된 존재성을 행사하고 있다. 그대들은 사회의 각계 각층에 속해 있다. 그대들은 육체적, 정신적으로 다양한 소질과 능력을 지녔다. 에고-마인드(ego-mind)를 통해 그대들은 개체화되었고, 그리하여 하나의 불가분한 영혼이 무한히

become individualized, and the One Indivisible Soul is infinitely divided. But the Soul never becomes divided, it ever remains One and the Same.

You are really the Infinite Soul but you identify yourself with a finite mind and so have to suffer. You have your moments of happiness and sorrow. Whether your pains outweigh your pleasures or your pleasures outweigh your pains, you worry all day about something or the other until your finite existence retreats at night into sound sleep. There you unconsciously merge into the Infinite.

In Sound sleep you completely forget yourself and your surroundings, your thoughts and emotions around which are ranged your ideas of imagined happiness and sufferings. But this respite is short-lived.

From the sound-sleep state you come down to the normal awake state, and as you come you have necessarily to pass through a dream state even though it be for only the fraction of a second.

Now, at one time you have a very happy and sweet dream in which your ideal of happiness is fulfilled. But being a dream it lasts only a little while, and waking pains you so

나뉘어졌다. 그러나 영혼(Soul)은 결코 나뉘어질 수 없다; 영혼은 영원히 '동일한 그 하나'(One and the Same)로 남는다.

실제로 그대는 무한한 영혼(Infinite Soul)이지만, 자신을 한정된 마음(finite mind)과 동일시하기에 고통을 겪어야 한다. 그대에게는 행복한 순간도 있고, 슬픈 순간들도 있다. 그대의 고통이 기쁨보다 크건 기쁨이 고통보다 크건, 그대의 한정된 존재성이 밤에 깊은 잠에 들 때까지 그대는 온종일 무언가를 걱정한다. 그러다 깊은 잠에 들어서야, 무의식적으로나마 무한 속으로 녹아든다.

깊은 잠에 빠지면 그대는 자신과 주변 환경을 완전히 잊게 되며, 그대가 상상하는 '행복과 고통'이라는 개념의 영역에서 맴도는 모든 생각과 감정들도 잊게 된다. 그러나 이러한 휴식은 일시적이다.

깊은 수면의 상태에서 일상적으로 깨어있는 상태로 내려오는 과정에서, 그대는 일초보다 짧은 순간일지라도 반드시 꿈의 상태를 거쳐야 한다.

자, 어떤 날은 그대가 생각하는 이상적인 행복이 실현된 정말로 기쁘고 달콤한 꿈을 꿀 때가 있다. 그러나 꿈인 만큼 아주 잠시 동안만 지속된다. 오히려 그대가 꿈에서 깨었을 때는, 단지 꿈에 불과했다는 안타까움에 심한 고통을 느끼며 한탄하게 된다.

또 다른 어떤 날은, 극심한 고통을 경험하는 악몽을 꾼다. 이때 시간은 영원한 듯 느껴진다. 꿈에서 깨면 그대는 정말 안도하며, '다행히도 꿈이었을 뿐이구나'라고 생각하게 된다.

much that you sigh, What a pity it was only a dream!

At some other time you have a horrible dream in which you experience great suffering. Time seems an eternity. As you wake you feel such relief that you say, Thank God it was only a dream after all.

In the dream state you enjoy and suffer. When you wake you realize that your enjoyment and suffering was nothing but a dream—an illusion. But know that your present state of consciousness which you call being awake, when compared to the Real Awake State, is nothing but a dream state. Your life is a dream within the mighty Dream of God which is the Universe.

From your present awake dream state you have to go through many sleeps of deaths before you get established in the Real Awake State. After ordinary sleep you awake in the same surroundings; after death you arise in a new environment. But this does not bring the end of your suffering, for the Thread of Action (Karma) continues unbroken and unfailingly keeps on determining your life. The humour of it is new settings create new worries. The grip of illusion is so tight and deceitful that you cannot help worrying. So your

꿈의 상태에서 그대는 즐겁기도 하고 고통스럽기도 하다. 꿈에서 깨었을 때, 그대는 꿈속의 즐거움이나 고통이 모두 꿈에 불과한 환상이라는 것을 깨닫게 된다. 그러나 그대가 깨어있다고 말하는 현재의 의식 상태도 '참된 깨어남의 상태'(Real Awake State)에 비하면 꿈의 상태에 불과하다는 것을 알라. 그대의 삶은, 이 우주 자체인 신이 꾸는 거대한 꿈(mighty Dream of God) 안에 담긴 작은 꿈이다.

현재 그대가 속한 '깨어있는 꿈의 상태'(awake dream state)에서 '참된 깨어남의 상태'(Real Awake State)로 확립되기 전에, 그대는 수많은 죽음의 잠들(sleeps of death)을 거쳐야 한다. 일상적인 잠을 잔 뒤에는 자기 전과 같은 환경에서 깨어난다; 그러나 죽음 이후에는 완전히 다른 새로운 환경에서 깨어난다. 그러나 이것도 그대의 고통을 끝내진 못한다. 왜냐하면 행위의 맥락(Thread of Action), 즉 카르마(karma)가 지속적으로 끊임없이 그대의 삶을 결정해가기 때문이다. 재밌는 일은, 새로운 환경마다 새로운 걱정거리들을 만들어낸다는 것이다. 거짓된 환상의 손아귀에 꽉 붙들려 속으면서, 그대는 걱정을 피할 수 없게 된다. 환상의 손아귀는 너무도 기만적이고 꽉 붙들기에, 그대는 걱정을 피할 수 없게 된다. 그리하여 '깨어있는 꿈의 상태'에서 그대의 삶은, 끝없는 고통의 연속이 된다.

자신의 참나(Real Self)를 깨달을 때까지, 그대는 물질적 신체(육체, gross body)로 거듭해서 태어난다. 그러나 그대의 마음(mind)은 오직 한 번 태어났다가 한 번 죽는다; 이런 의미에서, 그대는 환생

life in your awake dream state becomes an endless chain of suffering.

You, as gross body, are born again and again till you realize your Real Self. You, as mind, are born only once and die only once; in this sense you do not reincarnate. The gross body keeps changing, but mind (mental body) remains the same throughout. All impressions (sanskaras) are stored in the mind. The impressions are either to be spent or counteracted through fresh karma in successive incarnations. Buddha's wheel denotes the cycle of births and deaths. The wheel goes on in its ceaseless round. It lifts you to the heights; it brings you down to the depths.

To show you how karma persists as a connecting link and a life-determining factor of future lives I give you an example. There is a king who has vast possessions. But he is a worthless king. He spends all his energy and money in selfish pursuits and luxuries and has no care for his subjects. In his next birth he is born blind and becomes a beggar and thus compensates for his wrong doings.

Now this king has a servant who is honest and faithful and hard- working. In his next birth because of his merits

하지 않는다. 육체(물질적 신체)는 계속해서 바뀌지만, 마음(정신적 신체)은 언제나 같다. 모든 인상들(산스카라)은 마음 안에 저장된다. 그 인상들은 잇따라 이어지는 환생 속에서 다 소모되거나, 새로운 카르마를 통해 상쇄된다. 붓다의 윤회의 수레바퀴는 거듭되는 생과 사의 순환을 나타낸다. 윤회의 수레바퀴는 끊임없이 계속해서 돌아 간다. 그것은 그대를 최고 정점으로 들어 올렸다가는, 가장 낮은 곳으로 추락시킨다.

후생(後生)에 대해 카르마가 어떻게 결정 요인이 되고 연결 고리로 지속되는지, 예를 들어주겠다. 한 부유한 왕이 있다. 그러나 그는 쓸모없는 왕이다. 그 왕은 온갖 사치품과 이기적인 소유에 온 신경과 돈을 허비하고, 백성들은 전혀 돌보지 않았다. 그는 다음 생에 맹인(盲人)으로 태어나 결국 거지가 되어, 전생의 그릇된 행동을 갚게 된다.

이 왕에게는 정직하고 신실하며 성실한 종이 있다. 이러한 덕목으로 인해, 그 종은 후생에 부유하고 교양있는 집안에서 태어난다. 어느 날 그는 거리를 거닐다가 길바닥에서 처량한 신음소리를 듣는다. 그것은 전생에 왕이었던 맹인 거지가 두 손을 내밀며 외치는 소리였다. "제발 불쌍히 여기소서. 신의 이름으로 한 푼만 주세요."

아무리 사소한 것이라 해도 모든 행위는 내밀하게 산스카라적 연결고리들(Sanskaric ties)에 의해 결정되고, 서로간에 산스카라적 채권(債權)과 채무(債務)를 발생시킨다; 그래서 부유한 남자는 무의식

he is born into a cultured and well-to-do family. One day, when he is going along the street he hears a pitiable cry from the pavement. It is from the blind beggar who was the king in his previous life crying aloud with outstretched hands, Have pity. Give me a penny in the name of the Lord.

And because all actions however trivial, are inwardly determined by the Sanskaric ties, creating claims and counterclaims, the rich man is unconsciously drawn towards the beggar and gives him a few copper coins. A king crying out for alms and a servant taking pity on him—what a comedy, what an irony of fate! This is the working of the law of karma, the expression of justice in the world of values. The law of karma is impartial and inexorable.

It knows no concessions, gives no preferences, makes no exceptions. It dispenses justice.

By the divine law you are shielded from remembrance of past lives, for it would not help you in living your present life but would make it infinitely more complicated and confusing.

For me 'past' does not exist. I live in the Eternal Present. I clearly see your former lives, with all your intimate and

적으로 그 거지에게 이끌려 동전 몇 푼을 주게 된다. 한 푼만 달라고 빌고 있는 왕과 그를 불쌍히 여기는 종이라니, 이 얼마나 우스운 운명의 장난인가! 이것이 바로 카르마 법칙의 작용이며, 가치의 세계(world of values)에서 정의의 표현이다. 카르마의 법칙은 공명정대하며, 가차없이 준엄하다.

이 법은 한 치의 양도도 모르며, 그 누구도 선호하지 않으며, 어떤 예외도 허용하지 않는다. 이 법은 정의를 집행할 뿐이다.

신성한 법칙에 의해, 그대는 전생들을 기억하지 못하도록 보호받는다; 그 이유는 현재의 삶을 사는데 전생의 기억이 도움이 되지 않을 뿐 아니라, 오히려 한없이 복잡하고 혼란하게 만들기 때문이다.

내게 '과거'는 존재하지 않는다. 나는 영원한 현재(Eternal Present)에 산다. 나는 그대들의 여러 전생들을 선명하게 본다; 그대가 수많은 사람들과 맺었던 밀접하고 복잡한 모든 관계들을 본다. 여러 전생에서 이어져온 상호 관계들의 맥락에서 볼 때 남들을 대하는 그대의 다양한 반응들은 내게 거대한 농담(mighty joke)으로 작용하여, 내 고통의 짐을 더는 데 도움을 준다.

이제 또 다른 예를 들어주겠다. 이것은 드문 일이 아니다. 한 이슬람교도가 죽은 후에 공동묘지에 묻혔다. 몇 번의 환생을 거친 후, 그는 같은 마을의 이슬람 집안에 다시 태어났다. 이슬람교도에게는 조상의 묘에 방문하여 죽은 영혼을 위해 기도하는 관습이 있다. '전능한 신이시여, 돌아가신 우리 조상님을 잘 보살펴주소서' 하고 말이

intricate relationships with so many individuals. Your various reactions to others seen in the context of your mutual connections in previous lives serves as a mighty joke to me and helps to ease my burden of suffering.

Now, I give you another example. It is not an uncommon happening. A Moslem after death is buried in a graveyard. After a few incarnations he is born again in a Moslem family in the same town. It is customary among Moslems to offer prayers for the dead when they visit graves, to pray to God Almighty to save the departed ones. And so it happens that this person stands before his own grave and solemnly prays, 'May god save his soul!' What an absurdity! How pathetic!

The wheel of births and deaths ceaselessly turns. You are born as a male, as a female; rich, poor; brilliant, dull; healthy, weak; black, white; of different nationalities and of different creeds, in accordance with your inherent and imperative need to have that richness of experience which helps transcend all forms of duality. Side by side with the experience, the paying and receiving of payment of karmic debts go on ad infinitum. How can you clear the account?

다. 그런데 이 남자처럼 어쩌다 자신의 묘 앞에 서서 '신이여, 이 분의 영혼을 구원해주소서' 하고 엄숙하게 기도하는 일이 생기곤 한다. 이 얼마나 어리석은 일인가! 이 얼마나 한심한 일인가!

탄생과 죽음의 수레바퀴는 끊임없이 돌아간다. 그대에게 내재된 긴요한 필요에 따라 그대는 남자나 여자, 부자나 빈민, 영재나 둔재, 건강하거나 허약한 사람, 흑인이나 백인 등 다양한 국적과 다양한 교리를 지닌 사람으로 태어난다. 이러한 풍부한 체험들은 모든 형태의 이원성을 초월하는 데 도움이 된다. 이러한 체험과 더불어 카르마적 빚의 주고 받음도 무한정 계속된다. 그대가 어찌 이 장부를 정리할 수 있을까? 아바타나 삿구루는 우주적인 마음을 지녔기에, 말 그대로 우주적인 삶 자체를 담고(체현, embody)있다. 따라서 카르마의 소관에서 자유로워질 수 있는 것은 오직 그분을 통해서다.

일체 만물과 만인의 생애는 내게 열린 책과 같다. 이것은 내가 즐기면서도 손해만 보는 영화를 보는 것과 같다. 나는 계속해서 변화하고 결코 끝나지 않을, 이 '우주'라 불리는 영화의 단독 제작자(Producer)다. 그대를 '참된 깨어남의 상태'(Real Awake State)로 일깨우기 위해, 그대의 '깨어있는 꿈의 상태'(awake dream state)에서 나는 그대가 되었다. 그대가 '참된 깨어남의 상태'를 경험하면, 그대가 지금 경험 중인 '깨어있는 꿈의 상태'가 '아무것도 아니었음'(nothingness, 無)을 깨닫게 될 것이다. 이를 위해서는 나의 은총이 필요하다. 나의 은총이 내려오면, 이때 그 은총은 그대를 나로 만든다.

The Avatar, or the Sadguru, having universal Mind, literally embodies universal life. It is through Him that you become free from this business of karma.

The life of everything and everyone is an open book to me. It is like a film show that I enjoy at my own cost. I am the sole Producer of this ever-changing and never-ending film called the universe, wherein I become you in your awake dream state in order to awaken you to the Real Awake State. When you experience this state you will realize the nothingness of what was your awake dream state which you experience now. This needs my Grace. When my Grace descends it makes you Me.

31

I Am Infinite Consciousness

Believe that I am the Ancient One. Do not doubt that for a moment. There is no possibility of my being anyone else. I am not this body that you see. It is only a coat I put on when I visit you. I am Infinite Consciousness. I sit with you, play and laugh with you; but simultaneously I am working on all planes of existence.

Before me are saints and perfect saints and masters of the earlier stages of the spiritual path. They are all different forms of me. I am the Root of every one and every thing. An infinite number of branches spread out from me. I work through, and suffer in and for, each one of you.

My bliss and my infinite sense of humour sustain me in my suffering. The amusing incidents that arise at the expense of none lighten my burden.

Think of me; remain cheerful in all your trials and I am with you helping you.

31
나는 무한한 의식이다

내가 '고대의 그이'(Ancient One)라는 사실을 믿으라. 단 한 순간도 이것을 의심하지 마라. 내가 '고대의 그이'가 아닌, 다른 사람일 가능성은 전혀 없다. 나는 그대들 눈에 보이는 이 몸이 아니다. 이 몸은 내가 그대들을 방문할 때 입는 외투일 뿐이다. 나는 무한한 의식(Infinite Consciousness)이다. 나는 그대들과 함께 앉아, 함께 웃으며 논다. 그러나 그런 동시에 존재의 모든 경지들 각각에서 나의 작업(우주적 작업)을 하고 있다.

내 앞에는 영적 경로의 초기 단계들에 있는 성자들, 완벽한 성자들, 그리고 마스터(완벽한 스승)들이 있다. 그들 모두는 다른 형태의 나다. 나는 일체 모든 것과 모든 이의 뿌리이다. 나로부터 무한한 수의 가지들이 뻗쳐나간다. 나는 각각의 그대들을 통해 나의 작업을 하며, 그대들 하나하나를 위해 각자의 안에서 고통을 겪는다.

나의 지복과 무한한 유머 감각이 그 고통을 견뎌내도록 나를 지탱해준다. 누구에게도 해가 없는 재밌고 즐거운 사건들은 나의 짐을 덜어준다.

나를 생각하라; 그대의 모든 어려움 속에서도 늘 명랑하라; 나는 그대와 함께 있으며, 그대를 돕고 있다.

32

I Am the Song

My unique experience of the Beyond State is so unique that I simultaneously experience being everything and beyond everything. I am the song, its words and its melody, and I am the singer. I am the musical instruments and the players and the listeners. And on your level I explain to you the meaning of what I, the singer, sing.

32
나는 노래다

초월 상태(Beyond State)에서의 나의 유일무이한 체험은 너무나 독특하여, 나는 모든 존재임을 체험하는 동시에 모든 것을 초월한 존재임도 체험한다. 나는 노래며, 그 노래의 가사와 멜로디, 또한 그 노래를 부르는 가수이다. 노래를 연주하는 악기도 나며, 연주자도 나며, 음악을 듣는 청중도 나다. 또한 나는 그대들 각자의 수준에서, 가수인 내가 부르는 노래의 의미를 설명해준다.

33

Infinite Knowledge

There cannot be anything hidden from the One who is everywhere present, for He is everywhere. And it naturally follows that when there cannot be anything hidden from this One He must also be All-Knowing, knowing everything.

The infinite-Knowing is 'seeing' everything at one and the same time, and seeing it NOW. It is that Knowledge which does not begin and does not end; which is indivisible and continuous, and to which nothing can be added and from which nothing can be subtracted.

It is that Knowledge which makes God at this moment know that which He knew when it occurred countless aeons ago, and makes Him know that which will occur countless aeons hence; that Knowledge which makes everything known to God simultaneously and NOW. It is the Knowledge of the Perfect Masters and the Avatar.

33

무한한 지식

모든 곳에 현존하는 그이(One)에게는 어떤 것도 숨길 수 없다; 그는 모든 곳에 있기 때문이다. 그이에게 아무것도 숨길 수 없다면, 당연히 그는 전지(全知)하며 모든 것을 알 수 밖에 없다.

무한한 앎(infinite-Knowing)은 모든 것을 한순간에 보고 있으며, 지금 이 순간(NOW)도 보고 있다. 이것은 시작도 끝도 없고, 나뉘어질 수 없으며, 늘 지속되고, 그 무엇도 더하거나 뺄 수 없는 완전한 지식이다.

이것은 무수한 억겁 전에 그이(He)가 알았던 것들과 무수한 억겁 후에 일어날 일들을, 지금 이 순간 신(God)이 알 수 있게 해주는 지식이다; 즉 이 지식은 바로 이 순간(NOW), 과거와 미래의 모든 것을 동시에 신이 알도록 한다. 이것이 바로 완벽한 스승들과 아바타의 지식이다.

그대가 이해하기 쉽게 이야기하면 지금 이 순간 그대들이 개인으로서 아는 모든 것을 나는 무수한 억겁 전에 알았으며, 수많은 시대가 지난 후에 그대들이 개인으로서 알게 될 모든 것들을 나는 '바로 지금' 알고 있다는 말이다.

In terms simpler to you it means that which you as individuals know at this moment I knew aeons ago, and what you individuals in ages to come will be knowing at a particular moment, I know now.

34

Universal Body

God's Imagination begets Universal Mind, Universal Energy and Universal Body in which are contained the individual minds, individual energies and individual bodies of every thing and being in Creation.

Universal Mind, Universal Energy and Universal body are because of the existence of God's Imagination which exists as Non-existence within the Infinite Eternal and All-pervading EXISTENCE (God).

Individual minds, individual energies and individual bodies have no existence in themselves, but exist only as effects in existing Non-existence.

In my universal Body are contained all the gross bodies of all the innumerable beings and things in Creation. Individual subtle bodies (energies) and mental bodies (minds) are part of my Universal Energy and Universal Mind. In both Universal Energy and Universal Mind there are no di-

34
우주적 신체

신의 상상은 우주적 마음(Universal Mind), 우주적 에너지(Universal Energy – 氣), 우주적 신체(Universal Body)를 낳는다; 천지창조 안의 모든 존재와 사물들이 지닌 개별적 마음, 개별적 에너지, 개별적 신체들은 그 '신의 상상' 안에 들어 있다.

우주적 마음, 우주적 에너지, 우주적 신체가 있는 것은 신의 상상이 존재하기 때문이다; 이 신의 상상은, 무한하고 영원하며 편재한 참존재(신) 안에서 비존재로 존재한다.

개별적 마음들과 개별적 에너지들, 개별적 신체들은 각각의 독자적인 존재성을 갖추지 못하며, 존재하고 있는 비존재 안에서 일종의 효과(effects)로서만 존재한다.

나의 우주적 신체 안에는 창조세계에 포함된 무수한 존재들(beings)과 사물들(things)의 모든 물질적 신체들이 들어있다. 개별적인 기적 신체(에너지)들과 정신적 신체(마음)들은 나의 우주적 에너지와 우주적 마음의 일부이다. 이 우주적 에너지와 우주적 마음에는 나뉨이 없다.

같은 바다 안의 이곳에 있는 물방울과 저곳에 있는 물방울 사이

visions.

Distance between a drop here and a drop there in the ocean makes no difference to each drop's relation to the ocean. Any drop within the ocean is within the entirety and homogeneity of the ocean.

There are no divisions in Paramatma; only the One Indivisible Ocean of Reality exists as Eternal Existence.

의 거리는, 각각의 물방울과 바다와의 관계와는 전혀 상관이 없다. 바다 안의 어떤 물방울이라도, 그 바다의 전체성과 동질성 안에 존재한다.

파라마트마(Paramatma) 안에는 어떤 분리도 없다; 오직 실재의 불가분한 바다만이 영원한 존재로서 실존한다.

35

To Know Everything in a Flash

How do I know everything? The nature of the infinitely complicated phenomenon—the Universe—is infinitely simple. But to know and understand this is infinitely difficult. When you know what Universal Mind, Universal Energy and Universal Body are and what their relation is to individual mind, individual energy and individual body you will understand how the Perfect Master knows everything.

This all-comprehensive Knowledge is obtained in a flash. But to know everything in a flash takes an eternity in the illusion of time while you gradually die to your self. This dying to your self means completely losing yourself to God to find your Self as God.

This dying to your false self is no easy task; raising a corpse to life is child's play compared to it.

35
찰나에 모든 것을 앎

나(바바)는 어떻게 하여 모든 것을 알 수 있을까? 한없이 복잡한 이 현상세계(우주)의 본성은 무한히 단순하다. 그러나 이 사실을 이해한다는 것은 무한히 어렵다. 그대가 우주적 마음, 우주적 에너지, 우주적 신체가 무언지 알게 되고, 그것들이 개별적 마음, 개별적 에너지, 개별적 신체들과 어떤 관계를 지녔는지 알게 되면, 완벽한 스승이 어떻게 모든 것을 아는지 이해하게 될 것이다.

이 전체적이고 포괄적인 지식은 찰나에 얻어지는 것이다. 그러나 찰나에 모든 것을 아는 전지(全知)를 얻는 데는, 그대의 자아(self)가 점차적으로 죽어가는 동안 환상의 시간 속에서 영겁의 시간이 걸린다. 자아의 죽음이란, 신 자체인 그대의 참나를 찾기 위해 신 안에서 자신을 완전히 잃어버리는 것을 뜻한다.

그대의 거짓된 자아의 죽음은 결코 쉬운 일이 아니다; 이에 비하면 죽은 시체를 살려내는 일은 아이들의 장난과 같다.

36

Knowing and Not Knowing

Being the highest and the lowest I manifest Knowledge and assume ignorance at the same time.

Even though I know a certain thing will happen within a month, I may chalk out plans as if it was not to occur for years. Again, knowing that an event will not take place for years, I appear to expect it to happen shortly.

In Dnyan(Knowledge) there is Adnyan (Non-knowledge or Ignorance). But in Adnyan there cannot be Dnyan. Having all knowledge on the highest level, I can assume full ignorance on your level. In fact I am Infinite Knowledge, and as such I know what is to happen even after hundreds of years, yet I profess ignorance while I am on your level.

Even on the gross plane and in ordinary circumstances knowledge and ignorance can be manifested simultaneously. For instance, you say: I do not know how to swim. This implies that you know that you do not know how to swim.

36

앎과 무지

나는 가장 높으면서도 가장 낮기 때문에, 참지식(Knowledge)을 발현하는 동시에 무지를 취한다.

나는 한 달 안에 어떤 일이 벌어질지 알면서도, 수 년 동안 그 일이 생기지 않을 것처럼 계획을 잡기도 한다. 또한 어떤 사건이 수 년 동안 일어나지 않을 걸 알면서도, 곧 일어날 것처럼 예상하는 듯 행동할 때도 있다.

참지식(Dnyan) 안에는 무지(Adnyan)가 들어있다. 그러나 무지(Adnyan) 안에는 참지식(Dnyan)이 있을 수 없다. 내가 그대들의 수준으로 내려와 완전한 무지를 취할 수 있는 것은, 가장 높은 수준에서 모든 지식을 지니고 있기 때문이다. 사실 나는 무한한 지식이다; 따라서 수백 년 후에 일어날 일도 알고 있다; 그러나 그대들의 수준에 있는 동안 모른다고 하는 것이다.

이 물질적 경지(gross plane)의 일상적인 상황에서도, 지식과 무지는 동시에 드러날 수 있다. 예를 들어, 그대가 "나는 수영을 할 줄 모릅니다."라고 얘기한다고 하자. 이 말에는 '수영을 할 줄 모른다'는 사실을 그대가 알고 있다는 뜻이 담겨 있다. 만약 모른다는 사실을 그

Were you not to know you do not know, you could not have had this understanding. This is 'knowledge of ignorance'.

In the same way, I who am Knowledge itself manifest ignorance of knowledge. Knowing all, I seem not to know at one and the same time.

대가 몰랐더라면, 이러한 이해는 가능하지 않았을 것이다. 바로 이것이 '무지에 대한 지식'이다.

마찬가지로, 참지식(Knowledge) 자체인 나도 지식(knowledge)에 대한 무지를 드러낸다. 그래서 모든 것을 알면서도, 동시에 모르는 듯 보이는 것이다.

37

Will and Worry

Duality implies separateness. Separateness causes fear. Fear makes worry.

The way of Oneness is the way to happiness; the way of manyness is the way to worry.

I am the one who has no second so I am eternally happy. You are separate from your Self, so you always worry.

To you, what you see is absolutely real; to me it is absolutely false.

I alone am Real and my will governs the cosmic illusion. It is the truth when I say that the waves do not roll and the leaves do not move without my will.

The moment the intensity of your faith in my will reaches its height you say goodbye to worry forever. Then, all that you suffered and enjoyed in the past, together with all that you may experience in the future, will be to you the most loving and spontaneous expression of my will; and nothing

37
나의 뜻과 그대의 걱정

이원성은 분리됨을 암시한다. 분리됨은 두려움을 야기한다. 두려움은 걱정을 일으킨다.

일원성의 길(the way of Oneness)은 행복으로 가는 길이다. 다원성의 길(the way of manyness)은 걱정으로 가는 길이다.

나는 둘이 없는 하나이기에 영원히 행복하다. 그대는 그대의 참나(Self)와 분리되어 있기에 늘 걱정한다.

그대는 눈에 보이는 세상을 완전히 실재한다고 본다. 그러나 내게 그 세상은 완전한 거짓이다.

오로지 나(I)만이 실재하며, 나의 뜻(my will)이 우주적 환상을 지배한다. '나의 뜻 없이는 파도도 치지 않으며, 나뭇잎도 흔들리지 않는다.'고 내가 말할 때, 이 말은 진실이다.

'나의 뜻'에 대한 그대의 믿음이 절정에 달하는 순간, 그대는 걱정과 영원히 작별인사를 하게 된다. 그러면 과거에 그대가 겪어온 모든 행복, 고통과 함께 미래에 겪게 될 모든 일들을 그대는 '나의 뜻'의 가장 사랑스럽고 자발적인 표현으로 보게 될 것이다; 그 무엇도 다시는 그대에게 걱정을 끼치지 못할 것이다.

will ever be able to cause you worry again.

Live more and more in the Present which is ever beautiful and stretches away beyond the limits of the past and the future.

If at all you must worry, let it be how to remember me constantly. This is worthwhile worry because it will bring about the end of worry.

Think of me more and more, and all your worries will disappear into the nothing they really are. My will works out to awaken you to this.

지금 이 순간 안에 더더욱 현존하려고 하라; 과거와 미래의 한계를 넘어 언제나 아름답고 널리 펼쳐지는 지금 이 순간에….

만일 꼭 걱정을 해야겠다면, 어떻게 하면 나(바바)를 더 계속적으로 기억할 것인가를 걱정하라. 이것이야말로 참으로 가치있는 걱정이다; 이로 인해 모든 걱정이 끝나기 때문이다.

나를 더욱더 많이 생각하라; 그러면 실제로는 존재하지 않는, 그대의 모든 걱정거리는 완전히 사라질 것이다. 이 사실을 그대 안에 일깨우는 것이 바로 나의 뜻이다.

38

The Jest on my Chest

As the Highest of the High I am the Wisest of the Wise, yet I have allowed myself to perform an act more foolish than any fool ever would. What is this foolish act of mine? Creating the CREATION.

Creation is really a mighty joke, but the laugh is at my own expense—and now the jest is proving a burden on my chest. Sometimes I am so tired I feel like going to sleep for 700 years.

To the fool a foolish act is most natural and effortless. But can you imagine the Most Wise exerting himself and stretching out to perform an act which is opposite to his attribute of Wisdom! That is why I say you can have no idea of what I mean when I say I am tired—it is beyond human understanding.

38

내 가슴을 무겁게 하는 농담

나는 높은 중에 가장 높은 이로서, 지혜로운 이들 중에도 가장 지혜로운 이다; 그러나 세상 그 어느 바보보다 더 어리석은 행위를 하도록 나자신을 허용하였다. 나의 그 어리석은 행위는 무엇일까? 바로 천지창조(CREATION)를 창조한 것이다.

사실 천지창조는 '거대한 농담'이다; 그런데 그 농담의 웃음거리도 바로 나다; 이제 그 농담은 내 가슴에 짐이 되고 있다. 어떤 때 나는 너무 지쳐서, 700년을 마냥 자고 싶을 때도 있다.

바보가 어리석은 행위를 하는 것은 아무 노력이 필요없는 가장 자연스러운 일이다. 그런데 가장 지혜로운 이가 자신의 지혜로운 속성과 반대되는 행위를 하려고 애써 비틀고 구부리는 모습을 상상할 수 있는가! 그래서 '내가 지쳤다'고 말할 때의 의미를 그대들은 전혀 이해할 수 없다고 하는 것이다. − 그 말의 뜻은 인간의 이해를 넘어선 것이다.

39

Knowledge Purposes Meaning Suffering

Knowledge

The Sadguru has not to know, He knows. He knows that there is nothing to know.

Purposes

There are some who exist to hate others, be jealous of others and make others unhappy; and there are some who exist to love others and make others happy. One who has become One with God, exists for all, both good and bad. And to become One with God, one has not to renounce anything but one's own self.

Meaning

Understanding has no meaning. Love has meaning. Obedience has more meaning. Holding my 'daman'* has most meaning.

39
지식, 목적들, 의미, 고통

지식

삿구루는(Sadguru)는 알려고 할 필요가 없다; 그는 안다. 그는 알 것이 없다는 것을 안다.

목적들

남을 증오하기 위해, 질투하기 위해, 불행하게 만들기 위해 존재하는 사람들이 있다; 반면 남을 사랑하기 위해, 행복하게 해주기 위해 존재하는 사람들도 있다. 신과 하나가 된 이는, 선한 이와 악한 이 모두를 위해 존재한다. 그리고 신과 하나가 되기 위해선, 자신의 자아 말고는 버려야 할 것이 없다.

의미

이해에는 아무런 의미가 없다. 사랑에는 의미가 있다. 복종에는 더 큰 의미가 있다. 나의 다만*(daman)을 붙잡는 것은 가장 큰 의미가 있다.

Suffering

I know three things:

I am the Avatar in every sense of the word.

Whatever I do is the expression of my unbounded love.

I suffer infinite agony eternally through your ignorance.

*'daman': dress.

고통

나는 세 가지 사실을 안다:

나는 아바타(Avatra)다; '아바타'라는 단어가 지닌 모든 의미에서.

내가 무엇을 하든, 그 행위는 나의 무한한 사랑의 표현이다.

나는 그대들의 무지를 통해 영원히 무한한 고통을 겪는다.

---

*다만 (daman) : 바바의 치마 끝

40

Maya the Showman

Maya the Master-Illusionist who produces seemingly existent worlds out of Nothing, will perform its master trick of making everything including my health, energy, words and promises apparently go against me; and my lovers' faith and trust in me will be tested to their full extent. But Maya is powerless to go against my Work—for Maya itself is the means by which I bring about the results of my Work.

Being the instrument for the fulfillment of my Work, Maya, in fact, actually does its utmost to bring about the utmost results of this Work. Maya is the infinite shadow of God's infinity, and so, having no existence except in non-existence, must naturally give way to the one and only Reality which is God. And then God manifests in His Glory.

When the sun appears over the horizon the shadow projected by an object is much bigger than the object, but

40
마야는 마술사다

마야(Maya)는 존재하는 듯 보이는 세상들을 무(無)로부터 만들어내는 완벽한 마술사다; 마야는 나의 건강, 기력, 말과 약속을 포함한 모든 것들이 나를 반대하는 듯 보이게 만드는 최고의 속임수를 부릴 것이다. 그리하여 나에 대한 러버들의 믿음과 신뢰는 극도로 시험받을 것이다. 그러나 마야는 나의 작업에 맞서는 데 있어 무력하다. – 바로 마야가 나의 우주적 작업의 결과들을 불러오는 수단 그 자체이기 때문이다.

나의 우주적 작업을 이루기 위한 도구인 마야는, 사실 이 작업의 최상의 결과를 불러오기 위해 최선을 다한다. 마야는 신의 무한함(God's infinity)의 무한한 그림자; 따라서 비존재(non-existence)로만 존재하며, 결국 유일한 실재인 신에게 자연히 굴복할 수밖에 없다. 그런 후에 그의 영광 속에서 신은 발현(manifest)한다.

태양이 지평선 위로 떠오를 때, 어떤 사물을 비춘 그림자는 원래 사물보다 훨씬 크다; 그러나 태양이 바로 머리 위에 떠있을 때, 그림자는 마치 사물의 발 아래 있는 것 같다. 지금 나의 '무력함과 굴욕의 단계'(helplessness and humiliation phase)에서는 진실의 태양빛이

when the sun is directly overhead the shadow is under the feet as it were of the object. In my present phase of helplessness and humiliation, the Sun of Truth's rays appear faint and feeble and the Shadow of Maya large. But when that Sun will be at its zenith the Shadow that was cast ahead of Man, and which dominated his vision and thought will disappear. This will be the victory over Maya when ignorance will be effaced in the glory of God's manifestation through me.

Keep your faces turned towards the Sun and your shadow of individualized Maya will lie behind you and, though still existent, will have no power over you. But if you turn your backs to the Sun your shadows will be before you and you will be following them. Although of yourselves you cannot get rid of your shadows, if you turn your backs on them and keep facing the Sun, at the time of his full ascendance and glory your shadows will disappear forever.

희미하고 흐리며, 마야의 그림자가 거대하게 보인다. 하지만 저 태양이 정점에 도달할 때, 인간의 앞을 가려서 그의 시각과 생각을 지배해온 그림자도 사라질 것이다. 바로 이것이 마야에 대한 승리다; 즉 나를 통한 신의 발현(God's manifestation)의 영광 속에서 무지가 소멸되는 때다.

그러므로 태양을 향해 얼굴을 돌려라; 그러면 그대들의 개별적 마야(individualized Maya)의 그림자는 등 뒤로 펼쳐져, 여전히 존재하지만 그대들에게 어떤 영향도 끼치지 못할 것이다. 그러나 만일 태양에 등을 돌린다면, 그림자가 그대들 앞을 가려서 그대들은 그림자를 따르게 될 것이다. 비록 그대들이 스스로의 그림자를 없앨 순 없어도 그림자에 등을 돌리고 태양을 계속 마주하면, 태양이 정점에 이르는 순간 그대의 그림자는 영원히 사라지게 될 것이다.

유와 무

41

At the Junction of Reality and Illusion

The time I have been hinting at has come. The universal work weighs tremendously on me. Maya, the principle of ignorance, in full power tries to oppose my Work. So, particularly those who live near me must be very watchful. Knowing my love for you, Maya awaits an opportunity to use your weaknesses. The moment you neglect my instructions, Maya's purpose is served. I have to put up a fight with Maya—not to destroy it, but to make you aware of its nothingness. The moment you fail to obey me implicitly it tightens its grip over you and you fail to carry out the duties given. This adds to my suffering.

In God there is no such thing as confusion—God is infinite Bliss and Honesty. In Illusion there is confusion, misery and chaos. As the eternal Redeemer of humanity, I am at the junction of Reality and Illusion, simultaneously experiencing the infinite bliss of Reality and the suffering of

41

실재와 환상의 교차로에서

내가 암시해 온 그 시간이 드디어 왔다. 우주적 작업은 내 어깨에 엄청난 짐이 되었다. 무지의 원칙인 마야는 전력을 다하여 나의 작업에 반대하고 있다. 그러니 특히 내 곁에 생활하는 사람일수록 각별히 주의를 기울여야 한다. 마야는 내가 그대들을 얼마나 사랑하는지 알고, 그대들의 약점을 이용할 기회를 노리고 있다. 그대들이 나의 지시를 소홀히 하는 순간, 마야의 목적은 달성된다. 그러면 나는 마야와 맞서 싸워야 한다; 이것은 마야를 파괴하기 위해서가 아니라 마야의 무(無)를 그대가 자각하게 하기 위해서다. 그대가 나에게 무조건적으로 복종하는 데 실패하는 순간, 마야는 그대를 꽉 움켜쥐기 시작하여 결국 그대는 주어진 의무를 수행하는 데 실패하게 될 것이다. 이런 일은 나의 고통을 가중시킨다.

신 안에는 어떤 혼란도 없다. – 신은 무한한 지복이며 무한한 정직이다. 환상 안에는 혼란과 불행, 혼돈이 있다. 나는 인류의 영원한 구원자로서 실재와 환상의 교차로에 위치하며, 실재의 무한한 지복과 환상의 고통을 동시에 체험한다.

나는 한 손에는 실재를 다른 손에는 환상을 쥐고 있기에, 마치 그

Illusion.

With Reality on the one hand and Illusion on the other, I constantly experience as it were, a pull on either side. This is my crucifixion. When you fall a prey to the persuasions of Maya, the pull of Illusion is intensified and I have to exert myself to withstand it and remain stationed at the junction. I do not ever let go my hold on Reality. If the pull of Illusion becomes too great my arm may be pulled out of its socket, but I will remain where I am.

양쪽에서 나를 끌어당기는 듯한 체험을 끊임없이 한다. 이것이 바로 나의 '십자가에 못박힘'(Crucifixion)이다. 그대가 마야의 설득에 넘어갈 때, 환상의 끌어당김도 강렬해진다. 이때 나는 교차로의 자리를 유지하기 위해 힘들게 견뎌야 한다. 나는 실재를 붙잡고 절대로 내려놓지 않는다. 마야의 끌어당김이 너무도 강해지면, 나의 팔이 몸에서 뽑혀나갈 수도 있다; 하지만 나는 내가 있는 이 자리에서 벗어나지 않으리라.

42

A Nod of My Head

The word 'qutub' literally means 'pivot' or 'axis'. Thus the Qutub (Perfect Master) is the Axis around which everything in Creation revolves; and He being the CENTRE of everything, everything on every plane is equidistant from Him.

All action from you, as individuals or isolated points of consciousness stationed on different planes, is limited in expression and result. As the Centre, each movement of mine is unlimited in its action and reaction, expression and result.

For instance, a nod of your head in reply to different questions can indicate different actions and moods such as I am happy, I am miserable, I have eaten, I have rested, etc. But each nod expresses and conveys only one thing at a time. Whereas, as the Centre, one nod-of-my-head gives rise to a wave of innumerable actions and reactions simultaneously on all planes of consciousness.

42

내 고개만 *끄*덕여도

쿠툽(qutub)이란 말은 문자 그대로 '중심점' 또는 '중심축'을 뜻한다. 따라서 쿠툽(완벽한 스승)은 창조세계의 모든 것이 회전하는 그 중심축이다; 쿠툽은 모든 것의 중심(CENTRE)이기 때문에, 모든 경지의 모든 존재들과 동거리에 있다.

그대들이 개체들로서 또는 각기 다른 경지에 위치한 고립된 한 점들의 의식으로서 행하는 모든 행동들은 그 표현과 결과에 있어 제한적이다. 하지만 모든 것의 중심인 내가 하는 각각의 행동은 그 행동의 작용과 반작용, 그리고 표현과 결과에 있어 무제한적이다.

예를 들어 다양한 질문에 대한 응답으로 그대가 고개를 끄덕일 때, 그것은 '나는 행복합니다' '나는 슬픔니다' '나는 먹었습니다' '나는 쉬었습니다' 등의 각기 다른 행위와 기분을 뜻할 수 있다. 그러나 각각의 끄덕임은, 한 번에 오직 한 가지 뜻만을 전할 수 있다. 하지만 모든 것의 중심인 내가 고개 한 번 끄덕일 때, 그것은 모든 의식의 경지들에 동시에 파도처럼 무수한 작용과 반작용을 불러 일으킨다.

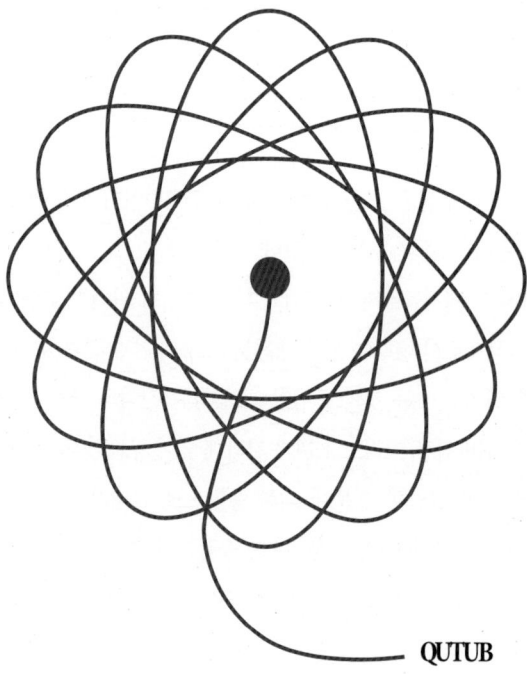

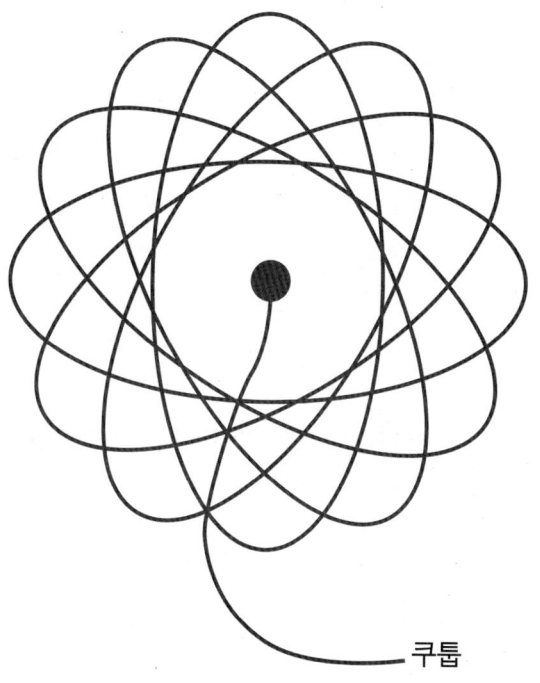

43

Toys in the Divine Game

The Infinite alone exists and is Real; the finite is passing and false.

The Original Whim in the Beyond caused the apparent descent of the Infinite into the realm of the seeming finite. This is the Divine Mystery and Divine Game in which Infinite Consciousness for ever plays on all levels of finite consciousness.

I am Infinite Consciousness, inter-penetrating and transcending all states of limited consciousness. The most primal and the most final categories of consciousness—say a stone or a saint – are equidistant from me, so I am equally approachable by all. I am the Way.

Unwavering loyalty to the Way is the real remedy for the sickness of impressioned consciousness. Some of my lovers, owing to fluctuating faith, fail to understand this and run hither and thither for Freedom. For me it then becomes a matter of retrieving them, and others wonder why I give so

43
신성적 놀이의 장난감들

무한함만이 홀로 존재하며 실재이다; 유한함은 일시적이고 거짓된 것이다.

초월 상태(the Beyond)의 근원적 충동(Original Whim)은 유한해 보이는(apparent) 영역으로 무한함의 현상적(apparent) 하강을 초래하였다. 바로 이것이, 무한한 의식이 모든 유한한 의식의 수준으로 내려와 영원히 노는 신성적 신비(Divine Mystery)이자 신성적 놀이(Divine Game)다.

나는 무한한 의식이다; 한정된 의식의 모든 상태들을 상호 관통하는 동시에 그들을 초월하는 무한한 의식이다. 돌 같은 가장 원시적인 상태의 의식이나 성인(聖人) 같은 가장 마지막 단계의 의식이나, 내게는 동거리에 있다; 그래서 모두가 내게 똑같이 접근할 수 있다. 바로 내가 길(the Way)이다.

그 길에 대한 흔들리지 않는 충성은 인상들(sanskaras)에 병든 의식의 참된 치료법이다. 러버들 중 믿음이 오르락내리락 하는 사람들은 이것을 알지 못하고, 자유를 찾기 위해 이리 왔다 저리 갔다 한다. 이럴 때 그들을 구제하는 것이 나의 일이 된다; 그런데 다른 사람들

much attention to these people.

Unwavering loyalty to the Way is the real remedy for the sickness of impressioned consciousness. Some of my lovers, owing to fluctuating faith, fail to understand this and run hither and thither for Freedom. For me it then becomes a matter of retrieving them, and others wonder why I give so much attention to these people.

A child has many toys, and it likes to play with some more than with others, and one is so dear that he won't part with it even when he goes to bed. If someone snatches away a favourite toy he must get it back, and if one gets broken he demands that it be mended; he will not be consoled with another even more costly one.

It is the same with me. I am a child whose playground is the universe. All beings and things are my toys in my divine Game— compared with my being and power all are inanimate toys—but they are toys which I inspire with my life-giving love.

All are equally me and I reside in each always, but some are dearer to me, and if one of these is taken from me I must get him back. And others have no right to wonder why I show so much concern for this one.

은 내가 왜 그들에게 그렇게 많은 신경을 쓰는지 의아해한다.

아이에게는 여러 장난감이 있다; 아이는 어떤 장난감을 다른 것들보다 좋아한다; 그 중 제일 좋아하는 것은 밤에 잘 적에도 끌어안고 자는 장난감이다. 만일 그 장난감을 누가 집어가면, 아이는 그 장난감을 반드시 되찾아야 한다; 그 장난감이 망가지면, 꼭 고쳐야 한다고 요구한다; 그보다 더 비싼 장난감을 준다고 해도 달래지지 않을 것이다.

이건 나도 마찬가지다. 나는 온우주가 놀이터인 어린아이다. 일체 모든 존재와 사물들은 나의 신성적 놀이 안에 있는 장난감들이다. – 나의 존재와 파워에 비하면, 모두가 활기 없는 장난감들이다 – 그러나 나는 그 장난감들에게 생명을 주는 사랑(life-giving love)으로 활기를 불어넣었다.

모두가 동등하게 나다; 그리고 나는 각각의 그들 안에 늘 거주한다; 그러나 몇몇은 내게 더 친밀하다; 그래서 그들 중 하나를 빼앗긴다면, 나는 꼭 그를 되찾아야 한다. 내가 왜 그이에게 그토록 각별한 관심을 보이는지는 남들이 궁금해 할 권한이 없다.

44

God Alone Is

Infinite consciousness is infinite. It can never lessen at any point in time or space. Infinite consciousness being infinite includes every aspect of consciousness. Unconsciousness is one of the aspects of infinite consciousness. Thus infinite consciousness includes unconsciousness. It sustains, covers, pierces through and provides an end to unconsciousness—which flows from, and is consumed by, infinite consciousness.

I assert unequivocally that I am infinite consciousness; and I can make this assertion because I am infinite consciousness. I am everything and I am beyond everything.

I am ever conscious that I am you, while you are never conscious that I am in you. Daily I support you and share your consciousness. Now I want you to uphold me, so that one day you can share my consciousness.

For man, unconscious of actually possessing the nev-

44
오직 신만이 있다

무한한 의식은 무한하다. 이 의식은 어느 시간이나 공간에서도 결코 줄어들지 않는다. 무한한 의식은 무한하기에 의식의 모든 측면들을 포함한다. 무의식(unconsciousness)도 무한한 의식의 한 측면이다. 따라서 무한한 의식은 무의식을 포함한다. 무한한 의식은 무의식을 유지하고, 그 속에 편재하고 관통하며, 결국 무의식의 종말을 마련한다. – 즉, 무의식은 무한한 의식으로부터 흘러나와 무한한 의식에 의해 소멸된다.

나는 명백하게 선언한다; 나는 무한한 의식이다; 무한한 의식이기 때문에 이러한 선언을 할 수 있는 것이다. 나는 모든 것(everything)인 동시에 모든 것을 초월한다.

나는 '내가 그대임'을 항상 의식한다; 그러나 그대는 '내가 그대 안에 있음'을 전혀 의식하지 못한다. 나는 매일 그대와 그대의 의식을 공유하며, 그대를 지탱한다. 이제 나는 그대가 항상 나를 받들고 놓지 않기를 바란다; 언젠가 그대도 나의 의식을 공유할 수 있도록 말이다.

'신이 모든 것이며 그 외 다른 것들은 무(nothing)'라는 의식적 체

er-ending continuously conscious experience that God is everything and all else is nothing, everything is everything. Air is. Water is. Fire is. Earth is. Light is. Darkness is. Stone is. Iron is. Vegetation is. Insect is. Fish is. Bird is. Beast is. Man is. Good is. Bad is. Pain is. Pleasure is. There is no end to what is—until he arrives at nothing is and instantaneously he realizes God is.

It is not easy for man to accept and keep on accepting under all circumstances that God is. Even after his firm acceptance that God is, it is supremely difficult, though not impossible, for him to realize what he has firmly accepted. And realization means that instead of being fully conscious that he is man, he becomes fully conscious that he is God, was God, has always been God and will ever remain God.

Knowingly or unknowingly man is ever seeking the Goal, which is to realize his true Self. The very nearest and innermost to man is his Soul, but the humour of it is he feels far, far away from It. There appears to be no end to his journeys towards the Goal through the numberless highways and byways of life and death, although in fact there is no distance at all to cover. Having achieved full consciousness as man,

험을 영원히 지님에도 불구하고, 이 사실을 의식하지 못하는 인간에게는 현상세계의 모든 것들이 그의 모든 것(有, everything)이다. 그에게는 공기도 존재하고, 물도 존재하고, 불도 존재하며, 땅도 존재한다. 빛, 어둠, 돌, 쇠도 존재하며, 식물, 곤충, 물고기도 존재한다. 새, 짐승, 인간도 존재하며, 선과 악, 고통과 쾌락도 존재한다. 인간에게는 끝도 없이 많은 것들이 존재한다. – 언젠가 그가 '모든 것이 무이다(nothing is)'라는 의식에 도달하여, 그 순간 '신만이 있다'는 것을 깨달을 때까지.

신의 존재성(God is)을 받아들이는 것과, 어떤 상황에서도 그 사실을 지속적으로 수용하는 것은 인간에게 쉬운 일이 아니다. 신의 존재성을 확고히 받아들인 후에도 스스로의 확신을 깨닫는다는 것은, 불가능하진 않지만 극히 어려운 일이다. 깨달음(realization)이란, '자신이 인간'임을 완전히 의식하는 대신에 '자신이 신'임을 완전히 의식하는 것이다; 자신이 언제나 신이었고, 신이며, 앞으로도 영원히 신으로 남을 것이란 사실을 완전히 의식하는 것이다.

인간은 스스로가 알든 모르든, '자신의 참나를 깨달으려는' 목표를 늘상 추구하고 있다. 인간에게 가장 가까우며 가장 깊은 곳에 있는 것은, 그의 영혼(Soul)이다; 재밌는 일은, 인간이 자신의 영혼과 아득히 멀리 있다고 느낀다는 것이다. 그 목표를 향한 여러 여행들은 끝이 없는 듯 보인다; 그 여행길은 생사 윤회의 무수한 고속도로와 샛길들을 거친다; 그러나 사실 이 여행은 거쳐야 할 어떤 거리도 없

he has already arrived at his destination, for he now possesses the capacity to become fully conscious of his Soul. Still he is unable to realize this divine destiny because his consciousness remains completely focussed in his inverted, limited, finite self—the Mind—which, ironically has been the means of achieving consciousness.

Before he can know Who he is, man has to unlearn the mass of illusory knowledge he has burdened himself with on the interminable journey from unconsciousness to consciousness. It is only through love that you can begin to unlearn, and, eventually, put an end to all that you do not know. God-love penetrates all illusion, while no amount of illusion can dim God-love. Start by learning to love God by beginning to love those whom you cannot. You will find that in serving others you are serving yourself. The more you remember others with kindness and generosity, the less you remember yourself; and when you completely forget yourself, you find me as the Source of all Love.

Give up all forms of parrotry. Start practising whatever you truly feel to be true and justly to be just. Do not make a show of your faiths and beliefs. You have not to give up

는 길이다. 인간으로서 '완성된 의식'(full consciousness)을 갖춘 이는 이제 자신의 영혼을 완전히 의식할 수 있는 수용력을 지녔기 때문에, 이미 목적지에 도달한 것이나 다름없다. 그런데도 그는 여전히 자신의 뒤집히고, 제한되고, 한정된 자아, 즉 마음(Mind)에 몰두해 있기 때문에, 자신의 신성적 운명(divine destiny)을 깨닫지 못하는 것이다. ― 여기서 역설적인 사실은, 인간이 '완성된 의식'을 달성할 수 있었던 수단도 마음이었다는 것이다.

자신의 정체가 누구인지 알기 위해서, 인간은 무의식에서부터 의식으로 끊임없이 거쳐온 여행길에서 쌓아온 환상적 지식의 더미를 먼저 내려놓아야 한다. 오직 사랑을 통해서만 그대는 잘못된 지식을 잊기 시작할 수 있고, '모르는 모든 것들'의 종말을 가져올 수 있다. 신-사랑(God-Love)은 모든 무지를 꿰뚫는다; 반면 아무리 많은 환상도 신-사랑을 퇴색시킬 순 없다. 먼저 '그대가 사랑할 수 없는 사람들을 사랑하는 것'으로, 신에 대한 사랑을 배우기 시작하라. 그대는 다른 사람에 대한 봉사(보시布施)가 곧 자신에 대한 봉사라는 사실을 알게될 것이다. 다른 이를 다정하고 너그러운 마음으로 생각하면 할수록, 그대는 자신을 덜 생각하게 된다; 자신을 완전히 잊어버릴 때, 그대는 모든 사랑의 근원인 나(Baba)를 찾게 될 것이다.

앵무새처럼 말만 따라하는 모든 형태의 흉내를 버려라. 지금부터 그대가 진정으로 참되고 옳다고 느끼는 것을 실천하라. 남에게 그대의 신앙과 믿음을 과시하지 말라. 그대의 종교를 버릴 필요는 없다;

your religion, but to give up clinging to the husk of mere ritual and ceremony. To get to the fundamental core of Truth underlying all religions, reach beyond religion.

Through endless time God's greatest gift is continuously given in silence. But when mankind becomes completely deaf to the thunder of His Silence God incarnates as Man. The Unlimited assumes limitation to shake Maya-drugged humanity to a consciousness of its true destiny. He uses a physical body for His universal work, to discard it in final sacrifice as soon as it has served its purpose.

God has come again and again in various Forms, has spoken again and again in different words and different languages the Same One Truth—but how many are there that live up to it? Instead of making Truth the vital breath of his life, man compromises by making over and over againa mechanical religion of it—a handy staff to lean on in times of adversity, a soothing balm for his conscience or a tradition to be followed. Man's inability to live God's words, makes a mockery of them. How many Christians follow Christ's teaching to 'turn the other cheek' or to 'love thy neighbor as thyself'? How many Muslims follow Mohammed's precept

다만 겉껍질에 불과한 종교 의식과 형식에 대한 집착만 버리면 된다. 모든 종교의 밑바탕에 깔린 진실(Truth)의 근원적 핵심에 이르기 위해선, 종교를 넘어서야만 한다.

끝없는 시간 속에서, 신의 가장 큰 선물은 언제나 침묵 속에서 주어진다. 그러나 인류가 완전히 귀먹어 그분의 침묵(His Silence)의 우레를 듣지 못할 때, 신은 인간의 모습으로 내려온다. 마야의 마약에 완전히 취한 인류를 뒤흔들어 그들의 진정한 운명을 의식할 수 있도록, 무한함 자체는 유한의 형태를 취한다. 그는 자신의 우주적 작업을 이루기 위해 물질적 신체를 사용한다; 그 신체는 최종적 희생(final sacrifice)으로 목적을 달성하는 순간, 그 즉시 버려진다.

신은 다양한 형태로 오고 또 오셨다; 올 때마다 다양한 언어와 단어들로, 하나의 같은 진실을 거듭 말씀하셨다; 그러나 그 진실에 따라 살아가는 이가 몇 명이나 되는가? 인간은 자신의 삶에서 그 진실을 살아 숨쉬게 하는 대신에, 진실을 기계적인 종교 – 역경에 처할 때 기댈 목발이나 양심을 위로하는 연고 또는 따라야 할 전통 – 로 만들어 타협하는 행위를 계속 되풀이한다. 신의 말씀에 따라 살아가지 못하는 인류는 그 말씀들을 웃음거리로 만든다. 기독교인 가운데 '다른 뺨도 내밀라'나 '네 이웃을 네 몸과 같이 사랑하라'는 예수님의 가르침을 따르는 이가 몇 명이나 되는가? 이슬람교도 가운데 '무엇보다도 신을 가장 먼저 섬기라'는 모하메드의 계율을 따르는 이가 몇 명이나 되는가? 힌두교도 가운데 '그 어떤 희생을 감수하더라도 정

to 'hold God above everything else'? How many Hindus 'bear the torch of righteousness at all cost'? How many Buddhists live the 'life of pure compassion' expounded by Buddha? How many Zoroastrians 'think truly, speak truly, act truly'? God's Truth cannot be ignored. Because men do ignore It a tremendous adverse reaction is produced, and the world finds itself in a cauldron of suffering through hate, conflicting ideologies and war, and nature's rebellion in the form of floods, famines, earthquakes and other disasters. Ultimately, when the tide of suffering is at its flood, God manifests anew in human form to guide mankind to the destruction of its self-created evil, and re-establish it in the Way of Truth.

My Silence and the imminent breaking of my Silence is to save mankind from the monumental forces of ignorance, and to fulfil the divine Plan of universal unity. The breaking of my Silence will reveal to man the universal Oneness of God, which will bring about the universal brotherhood of man. My Silence had to be. The breaking of my Silence has to be—soon.

의의 횃불을 지키는' 이가 몇 명이나 되는가? 불교도 가운데 부처님이 설하신 '순수한 자비의 삶'을 사는 이가 몇 명이나 되는가? 조로아스터교도 가운데 '진실하게 생각하고, 진실하게 말하고, 진실하게 행동'하는 이가 몇 명이나 되는가? 신의 진실은 무시할 수 있는 것이 아니다. 인간은 신의 진실을 무시하기 때문에 이에 따른 막대한 반작용을 초래한다; 그래서 이 세상은 증오, 이념적 갈등, 전쟁에 휩싸여 결국 고통의 가마솥 안에 들게 된다; 자연도 홍수, 지진, 굶주림 등 여러 재난의 형태로 반란을 일으키게 된다. 마침내 고통의 밀물이 홍수처럼 밀려오면, 인류 스스로 창조한 악(惡)을 파괴하고 진실의 길(Way of Truth)에 다시 확립되도록 인도하기 위해서, 신은 인간의 형태로 새롭게 발현(manifest)된다.

나의 침묵(My Silence)과 임박한 '나의 침묵의 타파'(The breaking of my Silence)는, 엄청난 무지의 세력들로부터 인류를 구원하고 신성적 계획의 우주적 합일을 성취하기 위해서다. '나의 침묵의 타파'는 인간에게 '신의 우주적 일원성'(universal Oneness of God)을 드러내 보일 것이며, 이는 인류의 우주적인 형제애를 불러올 것이다. 나의 침묵은 그래야만 했던 일이다. 곧 있을 '나의 침묵의 타파'도 있을 수밖에 없는 일이다.

45

Upheaval

When an atom is 'split' an infinite amount of energy is released Similarly, when my Silence is broken and I utter the WORD infinite wisdom will be released.

When an atom bomb strikes the earth it causes vast devastation. Similarly, when the Word I utter strikes the universe there will be a great material destruction; but there will also take place a tremendous spiritual upheaval.

45

대격변

원자가 분열될 때, 무한한 양의 에너지가 방출된다; 이처럼 나의 침묵이 깨어져 내가 '그 한마디의 말씀'(the WORD)을 발언할 때, 무한한 지혜가 방출될 것이다.

원자탄의 폭발은 이 지구에 막대한 파괴를 가져온다. 이처럼 내가 '그 한마디의 말씀'(the WORD)을 발언할 때, 온우주에 엄청난 물질적 파괴를 가져올 것이다; 그 동시에 어마어마한 영적 대격변도 불러올 것이다.

46

The Remembered and Forgotten One

I was Rama, I was Krishna, I was this One, I was that One, and now I am Meher Baba. In this form of flesh and blood I am that same Ancient One who alone is eternally worshipped and ignored, ever remembered and forgotten.

I am that Ancient One whose past is worshipped and remembered, whose present is ignored and forgotten and whose future (Advent) is anticipated with great fervour and longing.

46
기억되면서도 잊혀진 그이

나는 라마(Rama)였고, 크리슈나(Krishna)였으며, 그이기도 하고 저이기도 했다가, 이제는 메허 바바가 되었다. 이 육신의 형태를 입은 나는 홀로 영원히 숭배되면서도 무시되고, 영원히 기억되면서도 잊혀지는, 바로 그 고대의 그이(Ancient One)다.

나는 고대의 그이다; 그의 과거가 숭배되고 기억되는, 그의 현재가 무시되고 잊혀지는, 그의 미래(재림 Advent)가 엄청난 열정과 열망으로 고대되는 그이가 바로 나다.

47

The Question and its Answer

There is only one question. And once you know the answer to that question there are no more to ask. That one question is the Original Question. And to that Original Question there is only one Final Answer. But between that Question and its Answer there are innumerable false answers.

Out of the depths of unbroken Infinity arose the Question, Who am I? and to that Question there is only one Answer—I am God!

God is Infinite; and His shadow, too, is infinite. Reality is Infinite in its Oneness; Illusion is infinite in its manyness. The one Question arising from the Oneness of the Infinite wanders through an infinite maze of answers which are distorted echoes of Itself resounding from the hollow forms of infinite nothingness.

There is only one Original Question and one Original

47
유일한 질문과 그 해답

오직 하나의 질문만이 있다. 그대가 이 질문에 대한 답만 알면, 더 이상 물어볼 질문이 없다. 이 하나의 질문은 바로 근원적 질문(Original Question)이다. 이 근원적 질문에는 하나의 최종적 해답(Final Answer)만이 있다. 그러나 그 질문과 그 해답 사이에는 무수한 거짓 답들이 있다.

끊임없는 무한함의 심연으로부터 '나는 누구인가?'라는 질문이 솟아 나왔다; 그리고 그 질문에 대한 해답은 오직 하나뿐이다 - 나는 신이다!

신은 무한하다; 그분의 그림자도 무한하다. 실재(Reality)의 일원성(Oneness)은 무한하다; 환상의 다원성(manyness)도 무한하다. 무한함의 일원성에서 솟아난 그 하나의 질문은, 무한한 무(infinite nothingness)의 텅빈 형태들로부터 울려퍼지는 왜곡된 메아리인 무한한 해답의 미로에서 방황한다.

근원적 질문은 오직 하나뿐이며, 그에 대한 근원적 해답도 하나뿐이다. 근원적 질문과 근원적 해답 사이에는 무수한 거짓된 답들이 있다. '나는 돌이다, 나는 새다, 나는 동물이다, 나는 남자다, 나는 여

Answer to it. Between the Original Question and the Original Answer there are innumerable false answers. These false answers—such as, I am stone, I am bird, I am animal, I am man, I am woman, I am great, I am small—are, in turn received, tested and discarded until the Question arrives at the right and Final Answer, I AM GOD.

자다, 나는 대단한 사람이다, 나는 하찮은 사람이다' 등의 틀린 답들은 차례대로 받아들여진 뒤에 시험과정을 거치고, 결국은 버려진다; 근원적 질문이 '나는 신이다'(I AM GOD)라는 최종 정답에 도달할 때까지.

48

Percentages

Anna-bhumika = God 100%: Divinity 1%=
Inclination towards the Self.

Prana-bhumika = God 100%: Divinity 25%=
Inspiration about the Self.

Mana-bhumika = God 100%: Divinity 50%=
Illumination through the Self.

Vidnaya-bhumika = God 100%: Divinity 100%=
Realization of the SELF.

48
신성의 비율

아나 - 부미카(Anna - bhumika) = 신 100 % : 신성 1 %
= 참나(Self)를 향하는 성향 (inclination)

프라나 - 부미카(Prana - bhumika) = 신 100 % : 신성 25 %
= 참나에 대한 영감 (inspiration)

마나 - 부미카(Mana - bhumika) = 신 100 % : 신성 50 %
= 참나를 통한 영적 계몽(성화 聖化) (illumination)

비단야 - 부미카(Vidnaya - bhumika) = 신 100 % : 신성 100 %
= 참나에 대한 깨달음 (Realization)

49

Infinite Atmas in Paramatma

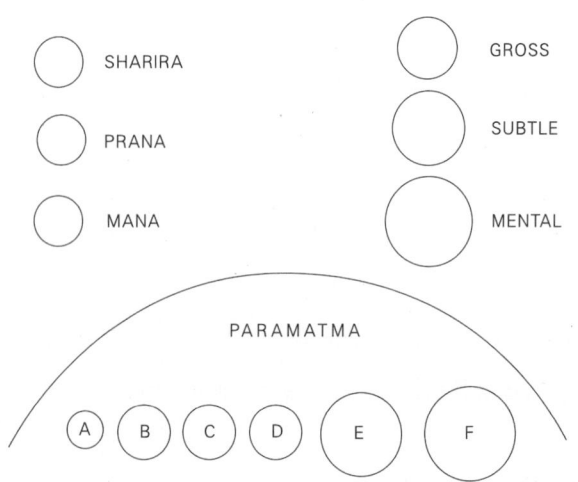

From A to F are all Atmas in Paramatma.

A is the Atma that is not conscious of Sharira, Prana and Mana, nor of itself (ATMA), and has not the experience of Gross, Subtle and Mental worlds, nor of Paramatma.

B is the Atma that is conscious of Sharira, but not conscious of Prana and Mana, nor of Atma. Has experience of

49

파라마트마 안의 무한한 아트마들

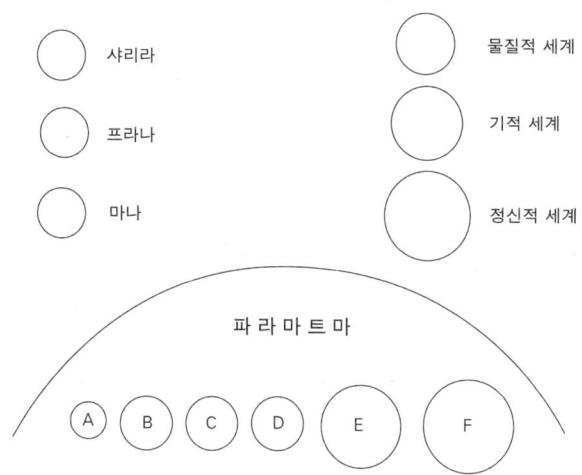

A부터 F까지는 모두 파라마트마 안에 있는 아트마들이다.

A는 샤리라, 프라나, 마나를 의식하지 못하지만, 자기자신(아트마)도 의식하지 못하는 아트마다; A는 물질적 세계와 기적 세계, 정신적 세계를 체험하지 못하며, 파라마트마도 체험하지 못한다.

B는 샤리라는 의식하지만, 프라나와 마나, 아트마는 의식하지 못하는 아트마다. B는 물질적 세계는 체험하지만, 기적 세계와 정신적

유와 무 | 223

the Gross world, but has no experienceof Subtle and Mental worlds, nor of Paramatma.

C is the Atma that is conscious of Prana, but not conscious of Sharira and Mana, nor of Atma. Has experience of the Subtle world, but has no experience of Gross and Mental worlds, nor of Paramatma.

D is the Atma that is conscious of Mana, but not conscious of Sharira and Prana, nor of Atma. Has experience of the Mental world, but has no experience of Gross and Subtle worlds, nor of Paramatma.

E is the Atma that is not conscious either of Sharira, Prana, or Mana, but is conscious of Atma. Does not experience Gross, Subtle and Mental worlds, but experiences Paramatma.

F is the Atma that is conscious of Sharira, Prana and Mana, and also conscious of Atma. Experiences Gross, Subtle and Mental worlds, and also Paramatma.

A, B, C, D are in Paramatma, but are not conscious of Atma (SELF), and have not the experience of Paramatma.

E and F are likewise in Paramatma, but are conscious of Atma and experience Paramatma.

세계, 그리고 파라마트마는 체험하지 못한다.

C는 프라나는 의식하지만, 샤리라와 마나, 아트마는 의식하지 못하는 아트마다. C는 기적 세계는 체험하지만, 물질적 세계와 정신적 세계, 그리고 파라마트마는 체험하지 못한다.

D는 마나는 의식하지만, 샤리라와 프라나, 아트마는 의식하지 못하는 아트마다. D는 정신적 세계는 체험하지만, 물질적 세계와 기적 세계, 파라마트마는 체험하지 못한다.

E는 샤리라와 프라나, 마나는 의식하지 못하지만, 아트마는 의식하는 아트마다. E는 물질적 세계와 기적 세계, 정신적 세계는 체험하지 못하지만, 파라마트마는 체험한다.

F는 샤리라와 프라나, 마나를 모두 의식하는 동시에, 아트마도 의식하는 아트마다. F는 물질적 세계와 기적 세계, 정신적 세계를 모두 체험하는 동시에 파라마트마도 체험한다.

A, B, C, D는 모두 파라마트마 안에 있다; 그러나 아트마(SELF)는 의식하지 못하며, 파라마트마도 체험하지 못한다.

E와 F도 역시 파라마트마 안에 있다; 그러나 그들은 아트마를 의식하며, 파라마트마를 체험한다.

E의 상태는 모든 아트마들의 참목표(Goal)이다.

따라서 요점을 정리하면 : A는 E의 상태에 도달하기 위해서 B, C, D의 상태를 반드시 거쳐야 한다. 즉, '샤리라와 프라나, 마나를 의식하지 못하는' A는 '역시 샤리라와 프라나, 마나를 의식하지 못하는' E

The E state of Atma is the Goal of Atmas.

So the sum and substance is: A (unconscious of Sharira, Prana and Mana), in order to attain the state of E (also unconscious of Sharira, Prana and Mana) has necessarily to pass through the states of B, C and D (conscious of Sharira, Prana and Mana).

All Atmas are in Paramatma. Paramatma is Infinite.

In the Infinite Paramatma are infinite Atmas. Therefore:

A is eternally infinite.

B is innumerable and comprises the gross manifestation, from a speck of dust to human beings, inclusive.

C comprises a limited number of subtle-conscious Atmas.

D comprises a few – the mental-conscious Atmas.

E comprises fewer still – the God-realized Atmas.

F comprises the Five Qutubs, and Jeevanmuktas and Paramhansas.

의 상태에 도달하기 위해서, '샤리라, 프라나, 마나를 각각 의식하는' B, C, D의 상태를 거쳐야만 한다.

모든 아트마들은 파라마트마 안에 있다. 파라마트마는 무한하다. 무한한 파라마트마 안에 무한한 아트마들이 있다. 그러므로:

A는 영원히 무한하다.

B는 무수히 많으며, 먼지 한 점에서 인간에 이르기까지 발현(manifestation)된 물질적 세계의 전체를 구성한다.

C는 기적 의식을 지닌 한정된 수의 아트마들로 구성된다.

D는 정신적 의식을 지닌 소수의 아트마들로 구성된다.

E는 신적-깨달음을 지닌 매우 극소수의 아트마들로 구성된다.

F는 다섯 명의 쿠툽 그리고 지반묵타들과 파라마한사들로 구성된다.

50

The One and the Zero

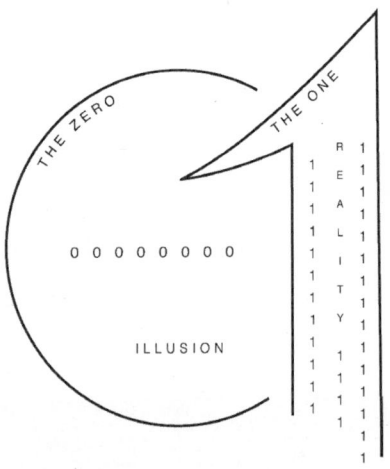

God is generally spoken of as being One. We use the term One as being opposite to the Many. One we name REALITY or GOD; Many we name ILLUSION or CREATION.

However, strictly speaking, no number, not even one, can depict ONE who is indivisibly One without a second. Even to call the ONE 'One' is incorrect. We do not speak of the

50
하나(1)와 공(0)

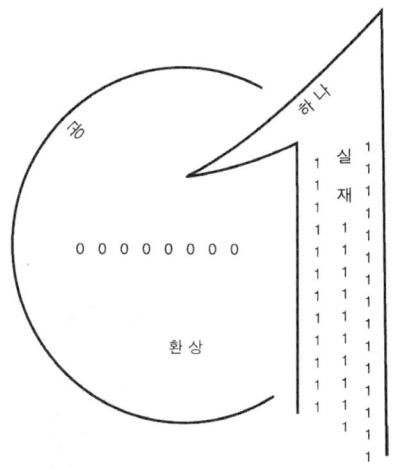

일반적으로 신은 '하나'인 것으로 일컬어진다. 그리고 보통 이 하나(One)라는 단어를 여럿(Many)과 반대되는 뜻으로 사용한다. 우리는 하나를 실재(REALITY) 또는 신이라고 부른다; 반면 '여럿'을 환상(ILLUSION) 또는 창조(CREATION)라고 부른다.

그러나 엄밀히 말하면 하나(1)를 포함한 그 어떤 숫자로도, 불가분하며 둘도 없는 그 하나(ONE)를 묘사할 수는 없다. 사실 그 하나를

Ocean as One. It just is Ocean. The ONE simply <u>IS</u>.

The ONE is one complete whole and simultaneously a series of ones within the ONE. Illusion is a ZERO and simultaneously a series of zeros within the ZERO. These zeros have no value, except a false value according to their position in relation to the ONE. In actual fact the zeros have no existence – their existence is mere appearance in Illusion, the big ZERO.

'하나'라고 부르는 것조차도 옳지 않다. 사람들이 말할 때 그냥 '바다가 있다'고 하지, '하나의 바다가 있다'라고 하진 않는다. 하나(ONE)는 그저 있을(IS) 뿐이다.

하나(ONE)는 하나의 완전한 전체인 동시에, 하나 안에 들어있는 일련의 여러 하나들(ones)이다. 환상은 공(ZERO)인 동시에 그 공(ZERO) 안에 들어있는 일련의 여러 공들(zeros)이다. 이 공들(zeros)에게는, 하나(ONE)와의 관계에 있어서 그들의 위치에 따른 거짓된 가치 말고는, 그 어떤 가치도 없다. 사실 이 공들에는 아무런 존재성이 없다 – 그들의 존재는 환상 안에 존재하는 듯한 모습에 불과하다; 그리고 그 환상은 하나의 큰 공(the big ZERO)이다.

51

The One Original Real Nothing

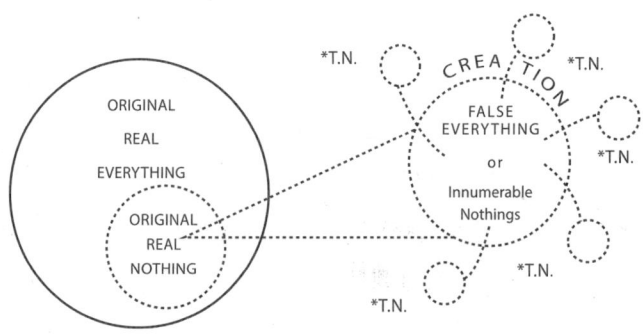

*Temporary Nothings

The Original Real EVERYTHING is Infinite and Eternal. Being everything it accommodates within itself the Original Real NOTHING. NOTHING is the shadow of EVERYTHING.

The Substance (EVERYTHING) being Infinite and Eternal, its shadow must also be infinite and eternal. At times the shadow appears to be small and at times to stretch into

51

하나뿐인 본래의 실재 참무

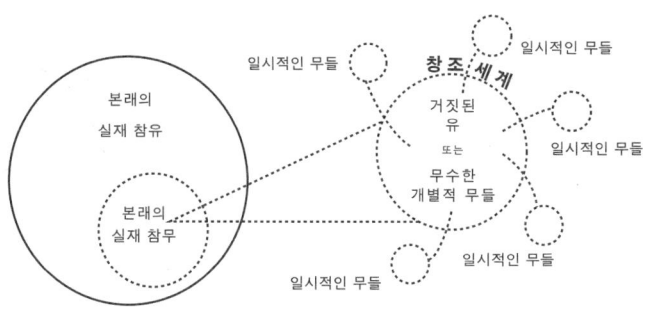

본래의 실재 참유(EVERYTHING)는 무한하고 영원하다. 참유는 모든 것이기에, 그 안에 본래의 실재 참무(NOTHING)을 담고 있다. 참무는 참유의 그림자다.

존재의 본질(Subtance)인 참유(EVERYTHING)는 무한하고 영원하기 때문에, 그것의 그림자도 무한하고 영원하다. 때로는 그 그림자가 작게 보이기도 하고, 때로는 매우 큰 형태로 늘어져 보이기도 한다. 그러나 그림자가 완전히 사라진 듯한 때에도, 그림자는 여전히 그

huge shapes. But even when it seems to have disappeared, it is still within the Substance latently.

Out of the NOTHING contained within the EVERYTHING is projected infinite and eternal Nothingness—the Creation, or False Everything.

The Original Real EVERYTHING is One, Infinite and Eternal. The Original Real NOTHING, being in the Real EVERYTHING is also one, infinite and eternal. But the False Everything that is projected from the Real NOTHING comprising innumerable nothings or all things in Creation, is innately and unendingly dual.

Within these nothings are innumerable temporary nothings such as, What is the matter with you? Nothing. What did you eat? Nothing. What is in your hand? Nothing. What do you see? Nothing. And so there is no end to the action and reaction of the experience of Nothingness by the innumerable nothings of False Everything which are projected from the One Original Real NOTHING which is infinite.

The Original Real EVERYTHING is Infinite and Eternal; in it is the Original Real NOTHING. Innumerable nothings manifest out of the One Original Real NOTHING.

본질 안에 잠재되어 있다.

참유(EVERYTHING) 안에 담겨있는 참무(NOTHING)로부터, 무한하고 영원한 거짓된 무(Nothingness)가 투영된다; 바로 이 거짓된 무가 창조세계, 즉 거짓된 유(False Everything)다.

본래의 실재 참유(EVERYTHING)는 하나이고, 무한하며 영원하다. 본래의 실재 참무(NOTHING)도 실재의 참유(EVERYTHING) 안에 있기 때문에, 이 또한 하나이고 무한하며 영원하다. 그러나 이 실재의 참무(Real NOTHING)로부터 투영된 거짓된 유(False Everything)는 창조세계 안에 들어있는 모든 것(all things)들인, 무수한 개별적 무들(nothings)로 구성된다; 이 무수한 개별적 무들(nothings)은 선천적으로 한없는 이원성을 지닌다.

이 개별적 무들(nothings) 안에는 무수한 일시적인 무들(nothings)이 담겨있다. 예를 들어, "무슨 일 있니? 무(없다)" "무엇을 먹었니? 무(없다)" "손에 무엇을 들고 있니? 무(없다)" "무엇을 보고 있니? 무(없다)" 등, 무수한 개별적 무들(nothings)이 온갖 작용과 반작용을 통해 체험하게 되는 무(Nothingness)에는 끝이 없다; 거짓된 유(false Everything)를 형성하는 무수한 개별적 무들(nothings)은, 모두 그 무한하고 '하나뿐인 본래의 실재 참무'(One Original Real NOTHING)로부터 투영되는 것들이다.

본래의 실재 참유(EVERYTHING)는 무한하고 영원하다; 그리고 그 안에는 본래의 실재 참무(NOTHING)가 들어있다. 이 하나뿐인

And from these nothings is a continuous flow of temporary nothings. And so there are nothings and the no-things of nothing within the One Original Real NOTHING. When you compare these nothings with the One Original Real NOTHING they are indeed nothing.

NOTHING is in EVERYTHING; EVERYTHING would not be a complete whole without NOTHING.

The NOTHING that is in EVERYTHING gives birth to nothing that seems everything. Because NOTHING is, everything seems to be.

All activity everywhere in creation is but a play of everything and nothing. When there is a complete cessation of this activity the NOTHING prevails. When this NOTHING is attained you have EVERYTHING. Relatively, therefore, the NOTHING is EVERYTHING, whereas that which we call everything is nothing.

본래의 실재 참무(NOTHING)로부터, 무수한 개별적 무들(nothings)이 발현된다. 그리고 이 개별적 무들로부터, 수없는 일시적인 무들(nothings)이 지속적으로 흘러나온다. 따라서 그 하나뿐인 본래의 실재 참무(NOTHING) 안에는 여러 개별적 무들과, 그 무들이 발생시키는 '사물도 아닌 것들'(no-things)이 들어있다. 이 무들은 '하나뿐인 본래의 실재 참무'(One Original Real NOTHING)와 비교하면, 정말로 아무것도 아닌 무(無)다.

참무(NOTHING)는 참유(EVERYTHING) 안에 들어있다; 참무 없이는, 참유도 완전한 전체(complete whole)이지 않을 것이다.

참유 안에 있는 참무는, 유(everything)로 보이는 무를 탄생시킨다. 참무(NOTHING)가 있음으로 인해서, 유(everything)도 있는 듯한 것이다.

창조세계의 모든 곳에서 일어나는 모든 활동들은 단지 유와 무의 놀이일 뿐이다. 이 활동들이 완전히 그칠 때, 참무(NOTHING)가 우세를 차지한다. 이 참무(NOTHING)를 이룰 때, 그대는 참유(EVERYTHING)를 지니게 된다. 따라서 참무(NOTHING)는 참유(EVERYTHING)인 반면, 상대적으로 사람들이 보통 유(everything)하다고 생각하는 모든 것들은 다 무(nothing)다.

52

The Procession of Creation

God is Infinite and Eternal. And His Imagination is also Infinite and Eternal. God's Imagination is unending, and the Creation which is the product of His Imagination goes on endlessly expanding. How can man imagine this Imagination with his finite imagining? His highest flights of imagination (intellect) can never bring him the faintest idea of God's Imagination. And God's Reality is beyond this again. When you cannot imagine even the Imagination of God, how infinitely more impossible it is to fathom His Reality.

In what is called space numberless universes are continuously created, sustained and destroyed. This procession of creation continues so long as God goes on imagining. And when God's Imagination is suspended, as it is at moments in Eternity when God withdraws Himself into His Sound Sleep State (just as a man's imagination ceases when he is in

52
천지창조의 행진

신은 무한하고 영원하다. 그분의 상상(Imagination) 또한 무한하고 영원하다. 신의 상상은 끝이 없다; 따라서 그분의 상상의 결과물인 천지창조도 끊임없이 확장해 나간다. 이 무한한 상상을 어찌 인간의 유한한 상상력으로 상상할 수 있겠는가? 인간이 상상력을 최고도로 발휘한다 해도, 신의 상상을 티끌만큼도 이해할 수 없다. 더구나 신의 실재는 이것을 또다시 초월한다. 그대가 신의 상상도 상상할 수 없다면, 그의 실재를 가늠하는 것은 얼마나 더 무한히 불가능하겠는가?

우주(space)라고 불리는 공간에서는 무수히 많은 우주들(universes)이 끊임없이 창조되고, 유지되고, 파괴되고 있다. 이 창조의 과정은 신이 상상을 계속하는 한, 끊임없이 지속된다. 그리고 신의 상상이 중단될 때, 즉 영원 속에서 신이 자신을 거둬들여 '그분의 깊은 잠 상태'(His Sound Sleep State)에 드는 순간, 창조도 거둬들여져 해체된다.(마하프랄라야 Maharpralaya) − 이것은 인간이 깊은 잠에 들 때, 인간의 상상이 그치는 것과 같다.

창조, 유지, 해체는 모두 무지에 기반해 있다. 사실 '창조' 같은 것

deep sleep), the Creation is withdrawn and dissolved (Mahapralaya).

Creation, Preservation and Dissolution are based on Ignorance. In fact there is no such thing as creation, so preservation and dissolution never actually occur. The very cosmos has no foundation save that of Ignorance.

Ignorance believes: The cosmos is a reality; birth, death, old age, wealth, honour, are real.

Knowledge knows: The cosmos is a dream. God alone is Real.

은 없다; 따라서 유지와 해체도 실제로 일어나는 일이 아니다. 바로 이 우주는 무지(Ignorance) 이외에는, 그 어떤 기반도 갖고 있지 않다.

무지는 믿는다: 이 우주가 실재이며, 탄생, 죽음, 늙음, 부, 명예 등이 실재한다고.

참지식은 안다: 이 우주가 꿈이며, 신만이 홀로 실재한다는 것을.

53

The Dream of Materialism

The condition of the world, the strife and uncertainty that is everywhere, the general dissatisfaction with and rebellion against any and every situation shows that the ideal of material perfection is an empty dream and proves the existence of an eternal Reality beyond materiality; for if this Reality did not exist, the increased material well-being of millions of people which science has brought about would have produced contentment and satisfaction, and the tremendous imagination science has projected into the general consciousness would have let loose happiness. Man thinks that there was never so much achievement and promise of greater achievement as now; but the fact is there was never such wide-spread distrust and dissatisfaction and misery. The promises of science have been proved empty, and its vision false.

Reality alone is real; the only true thing that can be said

53
물질주의의 꿈

 어딜 가나 불화와 불안이 퍼져 있고 어떤 상황에서든 보편적으로 불만과 저항이 만연해 있는 이 세상의 상황은 물질적 완전함에 대한 이상(理想)이 공허한 꿈이란 사실을 보여주며, 물질문명을 넘어서는 영원한 실재(Reality)가 존재함을 증명해준다. 왜일까? 이 실재가 존재하지 않는다면, 과학이 수백만 사람들의 삶에 가져다준 물질적 복지의 증가는 만족과 충만함을 불러왔을 것이다; 또한 과학이 대중의 의식에 가져다준 엄청난 상상력은 행복을 흘러넘치게 했을 것이다. 역사상 지금처럼 엄청난 업적을 성취하고 더 위대한 업적을 기약하는 때는 없었다고, 인류는 생각한다; 하지만 실상은 역사상 지금처럼 불신과 불만족, 불행이 널리 퍼져있던 때는 없었다. 과학의 약속들은 공허한 것으로 입증되었고, 과학의 비전도 거짓으로 드러났다.

 실재만이 홀로 실제다; 말로 표현할 수 있는 유일한 진실은 '실재만이 존재하며, 실재가 아닌 모든 것들은 환상일 뿐 실존하지 않는다.'는 것이다. 사람들은 가슴 속 가장 깊은 곳에서 이 사실을 알고 있다; 비록 일시적으로 환상의 거짓된 약속에 이끌려 그것이 진짜라고 생각했지만, 실재 외의 어떤 것도 그들을 만족시킬 수 없다; 그래서

is, Reality exists and all that is not the Real has no existence except as illusion. In their heart of hearts people know this and, although for a time, they get beguiled by the false promises of illusion and think of them as real, nothing else than the Real can satisfy them, and they become fed up with the misery that the almost limitless play of false imagination gradually brings about. This is the condition of the general people now. Even I am fed up and miserable. Why should I be so, when I am free? Because as the Buddha said, 'I am eternally free and eternally bound.' I am bound because of people's bondage, and fed up and miserable because of their fed-upness and misery.

The greatest scientists themselves are becoming dismayed at the areas of knowledge still beyond them and appalled at what their discoveries may unleash. It will not be long now before they admit the existence of this eternal Reality which men call God, and which is unapproachable through the intellect.

The ordinary man, although he is completely fed up with being cheated of the prize that materialism promises and appears to deny the existence of God and to have lost faith

사람들은 거짓된 환상의 끝이 없는 듯한 놀이가 초래하는, 갈수록 더해가는 고통에 지치고 만다. 이것이 보편적인 현대인의 상태다. 나조차도 지치고 괴롭다. 자유로운 내가, 왜 그래야 할까? 붓다가 말했듯이, '나는 영원히 자유로우면서도, 영원히 얽매여 있다.' 나는 사람들의 얽매임 때문에 얽매여있고, 사람들의 지겨움과 고통 때문에 지겹고 고통스럽다.

가장 위대한 과학자들마저도 자신의 한계를 넘어서는 여러 지식의 분야에 경악하며, 그들의 발견들이 미래에 촉발할 수 있는 결과에 스스로 소름끼쳐 하고 있다. 사람들이 신이라고 부르며 인간의 지성으로는 접근할 수 없는, 그 영원한 실재(eternal Reality)의 존재를 과학자들이 인정하게 될 날도 이제 얼마 남지 않았다.

보통의 인간은 물질주의가 약속하는 보상에 속는 것에 완전히 질렸음에도 불구하고, 신의 존재를 부정하며 당장의 이익 말고는 모든 것에 대한 믿음을 잃어버린 듯 보인다; 하지만 당장 이 순간의 환상을 초월하는 실재에 대한 선천적인 신앙과 신에 대한 타고난 믿음을, 인간은 결코 잃지 않는다. 표면적으로 드러난 믿음의 상실과 의심은 오직 마음(mind)의 절박감 때문이며, 그의 가슴(heart)에는 전혀 영향을 끼치지 못한다.

베드로(Peter)를 보라. 그는 그리스도를 부인하였다. 절박감으로 인해 그의 마음(mind)은 예수를 부인했지만, 그의 가슴(heart)은 그리스도가 바로 그분이라는 사실을 늘 알고 있었다. 보통의 사람은

in everything but the immediate advantage, never really loses his inborn belief in God and faith in the Reality which is beyond the illusion of the moment. His apparent doubt and loss of faith is because of a desperation of mind only, it does not touch his heart.

Look at Peter. He denied Christ. Desperation made his mind deny, but in his heart he knew that Christ was what He was. The ordinary man never loses faith. He is as one who climbs up a mountain a certain distance and, experiencing cold and difficulty of breathing, returns to the foot of the mountain. But the scientific mind goes on up the mountain until its heart freezes and dies. But this mind is becoming so staggered by the vastness still beyond it, that it will be forced to admit the hopelessness of its quest and turn to God, the Reality.

결코 신앙을 잃지 않는다. 그는 산을 어느 정도 오르다가, 숨쉬기에 너무도 춥고 힘들어서 다시 산기슭으로 내려온 사람과 같다. 반면 과학적인 마음(mind)은 자신의 가슴(heart)이 완전히 얼어붙어 죽을 때까지, 산을 계속 오르는 사람과 같다. 그러나 과학적인 마음은 오르면 오를수록 한없이 멀어지는 광대함에 충격을 받아 탐구의 무력함을 인정할 수밖에 없게 되고, 결국에는 등을 돌려 실재인 신(God)을 향하게 된다.

54

The Now

Astronomers speak of time in terms of billions, trillions and aeons of years. Even these figures are not adequate for their mathematical calculations and they may be required to coin new terms.

If I were to try and explain in astronomical terms the beginning and end of time, it would never depict the beginning and end of time in Eternity.

There is always an 'ago' and there is always an 'after' to every point in time. The 'yesterdays' of the past and the 'tomorrows' of the future hinge on a point in time which is the NOW of the present moment in Eternity.

In a flight of imagination imagining the beginning and the end of the NOW of the present moment in Eternity, one can at the most either add or subtract a measure of time; but this would be nothing more than an adding or erasing of zeros. No amount of swing, even of aeons of cycles, in the sweep of time can give an iota of concept of any beginning or end of the NOW in Eternity.

54

지금, 이 순간

천문학자들은 시간에 대해 수십 억(億), 수 조(兆), 또는 영겁(永劫)이라는 용어를 가지고 이야기한다. 그러나 그들의 수학적 계산에 있어 이 숫자들조차 부족하여, 앞으로 더 큰 새로운 용어들을 만들어야 할 수도 있다.

내가 시간의 시작과 끝을 천문학적 용어로 설명하려 한다면, 영원의 시간이 걸려도 시간의 시작과 끝을 결코 묘사하지 못할 것이다.

모든 시점에는 그 순간의 '전'과 '후'가 있다. 과거의 '어제'들과 미래의 '내일'들은, 영원한 지금 이 순간(NOW)인 한 시점에 달려 있다.

아무리 상상력을 동원하여 '영원한 지금 이 순간'(NOW)의 시작과 끝을 상상해도, 기껏해야 일정한 단위의 시간을 더하고 빼는 이상은 할 수 없으며, 이것은 무수한 공들(zeros)을 더하고 빼는 것밖엔 안 된다. 수억 겁을 포함한 아무리 긴 시간을 주기로 잡아도, '영원한 지금'의 시작이나 끝에 관해선 티끌만큼의 개념도 잡을 수 없다.

유와 무

55

Is

In Reality there is only One. In Illusion there are many. The reason why there is so much confusion as to whether there is one God or many is because God is so Infinitely One. Even to say, 'There is one God' is wrong. God is so infinitely One that He cannot even be called One.

One may only say, One is. The word 'God' is only an attempt to give that One a name, for in actuality He has no name. Even to say that God is One implies the possibility of two. For one to say there are many Gods is madness.

God is that 'One' playing innumerable roles. For example, one of you is sitting with his eyes closed and in his imagination he creates innumerable things, and in the very act of imagining them he preserves them. Then he opens his eyes, and in so doing destroys all the things his imagination had created and held together. Thus the same person played different roles, that of creator, sustainer and dissolver.

55
있음

실재(Reality) 안에는 오직 하나(One)만이 있다. 환상(Illusion) 안에는 여럿(many)이 있다. 하나의 신이 존재하는지, 여러 신이 존재하는지에 대한 많은 혼란이 있는 이유는 신이 너무도 무한하게 하나이기 때문이다. 심지어 '하나의 신만이 있다'고 말하는 것도, 사실 틀린 말이다. 신은 너무도 무한하게 하나라서, 하나라고조차 부를 수 없다.

우리가 단지 할 수 있는 말은, '하나가 있다'(One is) 뿐이다. '신'이란 단어는 '그 하나'에 이름을 붙이려는 시도일 뿐, 사실 그에게는 이름이 없다. 심지어 '신은 하나다'라는 표현에도 둘의 가능성이 암시된다. 또한 '여러 신들이 있다'고 말하는 것은 광기이다.

무수한 역할을 맡은 그 하나(One)가 신이다. 예를 들어, 그대 중 한 사람이 눈을 감고 앉아서 상상 속에서 무수한 것들을 창조한다고 하자; 그는 상상하는 바로 그 행위를 통해 창조물들을 유지시킨다. 그 후 눈을 뜨는 순간, 그는 눈을 뜸으로써 자신이 상상으로 창조하고 유지시킨 모든 것들을 파괴한다. 따라서, 한 명의 같은 사람이 창조자, 유지자, 소멸자의 다양한 역할을 모두 맡은 것이다.

Again, another is in sound sleep – which is the Original State of God—people say he is asleep; but in sound sleep he is not even conscious of himself as himself. When he wakes up people say, he is awake, and when he brushes his teeth, people say, he is brushing his teeth. And when he is seen walking, running about, speaking, singing, etc., he is merely playing different roles. He cannot be more than one, for he is only one.

All that we can ever say is: God is, or, One is.

There are two things that exist: One and Many. One we call God; Many we call Illusion. Why? Because in Reality only One is. Even to call this One, One, is not right—One is.

또 다른 예를 들어보자. 어떤 사람이 '신의 본래 상태'(Original State of God)인 깊은 잠의 상태에 들었다고 하자; 사람들은 '그가 잠들었다'고 한다; 하지만 깊은 잠에 빠진 그는 자신이 자신이라는 것조차 의식하지 못한다. 그가 깨어났을 때, 사람들은 '그가 깨어났다'고 한다; 그가 이를 닦을 때, 사람들은 '그가 이를 닦는다'고 한다. 그가 걸을 때 사람들은 '그가 걷는다'고 하며, 뛸 때, 말할 때, 노래할 때도 마찬가지다; 그는 단지 여러 다른 역할을 하고 있을 뿐이다. 그러나 그는 하나 이상의 여럿이 될 수 없다 – 그는 오직 하나이기 때문에.

우리가 말로 표현할 수 있는 것은: '신이 있다'(God is) 또는 '하나가 있다'(One is) 뿐이다.

존재에는 두 가지가 있다: 하나(One)와 여럿(Many). 우리는 하나(One)를 신이라고 하며, 여럿(Many)을 환상이라고 한다. 왜일까? 실재에는 오직 하나(One)만이 있기 때문이다. 이 하나를 하나라고 부르는 것조차 옳지 않다 – 그저 하나(One)가 있다.

56

Infinite Individuality Asserts Indivisible Oneness

There is no scope for separateness in the vastness of the Infinite Ocean of Indivisible Oneness. How then can there be any room for individuality in indivisibility? In the indivisible unlimited Ocean of Reality, how can there be scope for each drop that has fully awakened to Reality to individually proclaim: I am the Ocean!

The moment the drop has been stirred to consciousness, it isolates itself into a separate entity and acquires an individuality, a false I-AM-ness. This awakened 'I' is enveloped in falseness that grows with every step of its increased consciousness in proportion to its field of impressions and expression. This falseness that at first helps the drop to establish individuality in the indivisible Ocean, becomes the perpetual hindrance that keeps the drop from knowing itself as the Ocean. The 'I' has to get rid of the falseness before it can realize Who it is in reality.

56
무한한 개체성이 나뉠 수 없는 하나임을 행사한다

 분리될 수 없는 일원성(Oneness)의 무한한 바다 안에는, 어떤 분리(separateness)의 여지도 없다. 그렇다면, 그 분리불가함 안에 어떻게 개체성이 존재할 여지가 있을까? 분리될 수 없는 실재의 무한한 바다(Ocean of Reality) 안에서 어떻게 실재를 깨우친 물방울이 하나의 개체로서 '나는 바다다!'라고 선언할 수 있는 것일까?

 바닷물이 저어져 물방울의 의식이 시작되는 순간, 그 물방울은 분리된 존재로 자체를 고립시킨다; 그리고 거짓된 '나임'(I-AM-ness)을 느끼는 개체성을 갖게 된다. 이 깨어난 '나'는 의식의 단계적 상승에 따라 동시에 커져가는 거짓됨(falseness)에 둘러싸인다; 이 거짓됨은 인상들(산스카라)의 축적 및 표출적 범위에 정비례하여 늘어난다. 분리될 수 없는 바다 안에서 그 물방울이 개체성을 확립하는 데 처음에는 도움이 되었던 이 거짓됨은, 나중에는 물방울이 자신을 바다로 자각하는 데 지속적인 방해요소가 된다. 이 '나'는 모든 거짓됨을 먼저 없애야, '실재의 자신이 누구인지'를 깨달을 수 있다.

 영적 여행의 끝에서 마침내 완벽한 스승의 은총에 의해 참목표에 도달할 때, 거짓됨은 완전히 사라지고 오직 참나(I)와 지고의 참나-

At the end of the journey, when at long last the Goal is reached by the grace of the Perfect Master, this falseness is entirely removed and the 'I' alone remains with its supreme Self-knowledge—saying, My falseness is gone—I am God!

Thus, when each individual drop sheds its false awareness of being other than the Ocean, it proclaims itself as the Infinite Indivisible Ocean. At the instant its falseness, its very own falseness is removed, the drop asserts its Infinite Individuality. It then consciously and continuously experiences itself for all time as being without a second: the Almighty, Infinite and indivisible Paramatma. This is the I-am-God state. This is how every Atma, from the instant its consciousness is unburdened of falseness (i.e., impressions) for all time, asserts itself as the Paramatma, God Absolute.

지식(Self-knowledge)만이 남는다 – 이때, 영혼은 '나의 거짓됨은 모두 사라졌다 – 내가 바로 신이다!'라고 선언하게 된다.

이처럼 각각의 개체적 물방울이 자신을 '바다가 아닌 다른 존재'로 의식해왔던 거짓된 의식을 떨쳐버릴 때, 스스로를 무한한 불가분의 바다로 선언한다. 그 물방울 자신의 거짓됨이 사라지는 순간, 물방울은 자신의 무한한 개체성을 행사하게 된다. 이 때부터 영원히 그 물방울은 의식적이고 지속적으로 자신을 둘이 없는 존재 – 전능하고 무한하며 분리될 수 없는 파라마트마(Paramatma) – 로 체험한다. 이것이 곧 '나는 신이다'(the I-am-God-state)의 상태이다. 바로 이런 방식으로, 모든 아트마들이 의식에서 거짓됨(즉, 인상들)의 짐을 영원히 벗어버리는 순간에 스스로를 파라마트마, 즉 절대적 신(God Absolute)으로 행사하게 되는 것이다.

57

Three Conditions

God experiences three conditions of consciousness: (1) His Original State; (2) Helplessness; (3) All-powerfulness.

The Original State

In this state God, unconscious of His Infinite Power, Bliss and Existence, is perfectly at peace. This state can well be compared with the sound sleep state of a person.

Helplessness

In this state God is also unconscious of His being Infinite, and experiences helplessness in human form. He is constantly worried about something. He finds no peace. Owing to innumerable anxieties and problems, He tries all the time to seek His original state. To do this He induces

57
신의 세 가지 상태

신은 세 가지의 의식 상태를 체험한다 : (1) 신의 본래 상태 (2) 무력함 (3) 전능함

본래 상태

이 상태의 신은 그의 무한한 파워, 무한한 지복, 무한한 존재를 의식하지 못하며, 완전히 평온하다. 이 상태는 보통 사람의 깊은 잠 상태에 비유될 수 있다.

무력함

이 상태의 신도 자신의 무한함을 의식하지 못하며, 대신 인간 형태의 무력함을 체험한다. 그는 무언가에 대해 끊임없이 걱정한다. 그는 어떠한 평온도 찾지 못한다. 무수한 걱정거리와 문제들 때문에, 그는 항상 자신의 '본래 상태'를 찾는다. 그는 (술이나 마약 등의) '도취'를 통한 망각으로 본래 상태를 이루려고 한다. 그는 모든 것을 잊고 싶

forgetfulness through intoxications. He wants to forget everything. In His state of helplessness, His first experience of forgetfulness has so great an effect on Him that He desires above all to return again to the oblivion that He has experienced. He tries to regain this state through sleep. Thus sleep becomes a dire necessity.

But since in sleep He is unconscious, He is not able to bring His experience of forgetfulness back into His waking state; and so He finds no solution to His helplessness

All-powerfulness

His helplessness increases day by day. When it becomes unlimited it ends in the state of All-powerfulness. In this state God consciously forgets ever having had a limited individuality and knows Himself as Infinite Existence, Bliss and All-powerfulness.

어 한다. '그의 무력함의 상태'에서, 망각의 첫 경험은 너무도 깊은 영향을 주어 그는 자신이 체험했던 망각 상태로 돌아가는 것을 무엇보다도 갈망하게 된다. 그는 잠을 통해 이 상태를 되찾으려고 한다. 따라서 그에게 잠은 절대 필수적인 것이 된다.

그러나 그는 잠 속에서 무의식적이기 때문에, 망각의 체험을 깨어있는 상태로 가져오진 못한다; 그래서 그는 자신의 무력함을 해결할 방법을 찾을 수가 없다.

전능함

그의 무력함은 나날이 더해간다. 무력함이 무한해져서 극한에 도달할 때, 그것은 전능의 상태로 돌아선다. 이 상태에서 신은, 자신이 한정된 개체성을 지녔던 시절을 의식적으로(consciously) 잊는다; 그리고 자신이 무한한 존재와 무한한 지복, 전능함이라는 것을 알게 된다.

58

Truth is of God, Law is of Illusion

There are two things: Truth and Law.
Truth belongs to God, Law belongs to Illusion.

Illusion is infinitely vast yet it is governed by Law. The 'law of cause and effect', which none can escape, belongs to this Law.

Law is bondage. Truth is Freedom.
Law upholds Ignorance. Truth upholds Reality.
Law governs imagination which binds you to Illusion. Truth sets you free from Illusion.

Although it is the nature of imagination to run riot, it is restricted to the definite and minutely precise pattern of bindings created and upheld by the law of bondage.

58
진실은 신의 것, 법은 환상의 것

진실(Truth)과 법(Law), 두 가지가 있다.

진실은 신의 것이고, 법은 환상(현상세계)의 것이다.

환상은 무한토록 광대하지만, 법의 지배를 받는다. 어느 누구도 피해갈 수 없는 '원인과 결과의 법칙'도 이 법에 속한다.

법은 속박이다. 진실은 자유다.

법은 무지를 수호하고, 진실은 실재를 수호한다.

법은 그대를 환상에 묶어놓는 상상을 지배하고 관리한다. 진실은 그대를 환상으로부터 자유롭게 해준다.

비록 상상의 본성이 마구 날뛰는 것이긴 하지만, 사실 상상은 '속박의 법칙'(the law of bondage)에 의해 창조되고 유지되는, 세세하게 정밀하고 정확한 '속박의 패턴'에 의해 제한된다.

상상이 멈추는 순간 법의 족쇄는 부서지고, 진실의 깨달음 속에서

The moment imagining ceases, the shackles of the Law are broken and Freedom is experienced in the realization of the Truth.

It is impossible for one of oneself to overcome the operation of the Law and merge in the Truth. Only those who are one with God can take you beyond the bounds of the Law and give you the experience of the Freedom—which is the Truth.

참자유(Freedom)가 체험된다.

그 누구도 법의 작용을 극복하여 진실과의 융합(merge)을 스스로 이루진 못한다. 오직 신과 하나된 이들만이 그대가 법의 한계를 초월하여, 진실 자체인 참자유를 체험하도록 해줄 수 있다.

59

Shadows of Knowledge, Power, Bliss

God has three Infinite aspects: Knowledge, Power, Bliss. It is from these that man derives his three finite aspects of mind, energy, matter.

The three aspects of God are interlinked; Bliss depends on Power and Power depends on Knowledge. Similarly, the three aspects of man are interlinked; matter depends on energy and energy depends on mind.

As a human being you are one homogeneous entity of these three finite aspects (mind-energy-matter), which are but the shadows of the three Infinite aspects of God (Knowledge-Power-Bliss).

59
지식, 파워, 지복의 그림자들

신에게는 세 가지 무한한 측면들이 있다: 지식, 파워(전능), 지복. 인간은 바로 이들로부터 자신의 세 가지 유한한 측면들인 마음(mind), 기운(energy), 물질(matter)을 얻는다.

신의 이 세 가지 측면들은 서로 연결되어 있다; 지복은 파워(전능)에 의지하며, 파워는 지식에 의지한다. 비슷하게, 인간의 세 가지 측면들도 서로 연결되어 있다; 물질(matter)은 기운(energy)에 의지하며, 기운은 마음(mind)에 의지한다.

인간으로서의 그대는 이 세 가지 유한한 측면들(마음-기운-물질)이 하나로 합성된 존재며, 이 측면들은 신의 세 가지 무한한 측면들(지식-파워-지복)의 그림자에 불과하다.

60

The World is a Prison

The world is a prison in which the Soul experiences being behind the bars of its gross-subtle-mental body—the Soul, eternally free, lone Sovereign and supreme Lord! Illusion's hold is so strong that the Soul experiences itself as serf rather than Soul.

Illusion stages the Lord's imprisonment so perfectly and establishes His serfdom so convincingly that even at the moment when the Perfect Master bestows His Grace on the Soul it experiences itself as breaking out through the bars of a prison which never existed.

The Soul's apparent imprisonment becomes so suffocatingly unbearable that it—by the Master's Grace—literally tears itself free; and the feeling of exultation is as powerful as was its feeling of suffocation. The experience of both imprisonment and release is of Illusion; but the experience of the final Freedom is of Reality. The emancipated Soul

60
이 세상은 감옥이다

이 세상은 영혼(Soul)이 자신의 물질적 - 기적 - 정신적 신체의 철창 속에 갇힌 체험을 하는 감옥이다 - 유일한 군주이며 최고의 주인(Lord)인, 영원히 자유로운 영혼이 말이다! 영혼은 환상의 손아귀에 너무도 꽉 붙들린 나머지, 스스로를 영혼보다는 오히려 노예로서 체험한다.

환상은 그 주인의 구속을 너무도 완벽하게 조작하고 그의 노예 신분을 너무도 설득력있게 설정하기에, 심지어 완벽한 스승이 그분의 은총을 영혼에게 베푸는 순간에도 영혼은 존재한 적도 없었던 감옥의 철창을 부수고 나오는 체험을 한다.

그 영혼에게 실제인 듯 느껴지는 감금은 너무도 숨막힐 정도로 견딜 수 없게 되기에 - 결국 완벽한 스승의 은총에 의해 - 탈옥할 때도 정말로 장막을 찢듯이 자유로이 박차고 나온다; 이때 그 영혼이 느끼는 희열의 강도는 직전까지 느껴왔던 숨막힘의 정도만큼 강렬하다. 그러나 감금과 탈출의 체험 둘 다 환상이다; 오직 최종적인 참 자유(Freedom)의 체험만이 실재한다. 해방된 영혼은 그 후부터 지속적으로, 영원토록 자신의 무한한 자유를 체험한다.

then experiences continuously and eternally its own infinite freedom.

The world exists only as long as the Soul experiences bondage; when the Soul realizes itself as Reality the world vanishes—for it never was. And the Soul experiences itself as being Infinite and Eternal.

이 세상은 영혼이 속박을 체험하는 동안만 존재한다; 자신이 실재(Reality)임을 영혼이 깨닫는 순간, 이 세상은 사라져 버린다. - 이 세상은 결코 존재한 적이 없기 때문이다. 그리고 그 영혼은 스스로를 무한하고 영원한 존재로 체험하게 된다.

61

Purposelessness in Infinite Existence

Reality is Existence infinite and eternal.

Existence has no purpose by virtue of its being real, infinite and eternal.

Existence exists. Being Existence it has to exist. Hence Existence, the Reality, cannot have any purpose. It just is. It is self-existing.

Everything—the things and the beings—in Existence has a purpose. All things and beings have a purpose and must have a purpose, or else they cannot be in existence as what they are. Their very being in existence proves their purpose; and their sole purpose in existing is to become shed of purpose, i.e., to become purposeless.

Purposelessness is of Reality; to have a purpose is to be lost in falseness.

Everything exists only because it has a purpose. The moment that purpose has been accomplished, everything dis-

61

무한한 존재의 무목적성

실재(Reality)는 무한하고 영원한 존재(Existence)다.

존재에는 목적이 없다; 이것은 존재가 무한하고 영원하며, 실재하기 때문이다.

존재는 그저 존재한다. 존재는 그 자체가 존재이기에 존재할 수밖에 없다. 그러니 존재, 즉 실재는 어떠한 목적도 지닐 수 없다. 존재는 그저 있다. 그것은 스스로 존재(自存)하고 있다.

존재 속에 있는 만물 – 모든 존재와 사물들 – 은 모두 목적을 지닌다. 일체의 존재와 사물들은 모두 목적을 지니며, 반드시 목적을 지녀야만 한다; 그렇지 않으면 그 무엇인가로 존재 속에 있을 수 없다. 그들이 현상세계*(existence) 속에 있음이 바로 그들의 목적을 증명한다. 그리고 그들의 유일한 참된 목적은 모든 목적을 버리는 것이다 – 즉, 목적없음(purposeless)이 되는 것이다.

무목적성은 실재에 속한다; 목적을 갖는 것은 거짓됨(거짓의 영역) 안에서 헤매는 것이다.

모든 만물은 목적이 있기 때문에 존재한다. 그 목적이 달성되는 순간 모든 것은 사라지고, 스스로 존재하는(self-existing) 참나로 드러

appears and Existence is manifested as self-existing Self.

Purpose presumes a direction and since Existence, being everything and everywhere, cannot have any direction, directions must always be in nothing and lead nowhere.

Hence to have a purpose is to create a false goal.

Love alone is devoid of all purpose and a spark of Divine Love sets fire to all purposes.

The Goal of Life in Creation is to arrive at purposelessness, which is the state of Reality.

난다.

목적에는 방향이 전제된다; 그러나 존재는 모든 것이며 모든 곳에 있기 때문에, 어떤 방향도 가질 수 없다; 방향은 언제나 무(nothing) 속에만 있으며, 그 어디도 아닌 곳으로밖에 인도하지 못한다.

따라서 목적을 갖는다는 것은 그릇된 목표를 창조하는 것이다.

오로지 사랑(Love)만이 그 어떤 목적도 지니지 않는다; 그리고 신성적 사랑의 불꽃은 모든 목적들을 불태워 없앤다.

창조세계 속에서 삶의 목표는 목적없음(purposelessness)에 이르는 것이다 – 이 '목적없음'이야말로 실재의 상태다.

역자 주

* 현상세계: 이 장에서는 두 가지의 '존재'가 나온다. Existence는 참존재 즉 실재를 의미하고, existence는 nothing에 속하는 비존재, 즉 현상세계를 의미한다.

62

Mental Consciousness

Those on the Mental planes are not conscious of the Gross or Subtle planes. How then is it possible for one on the Mental plane to speak, eat, drink, etc.—in short, to perform actions the same as those of an ordinary man on the Gross plane?

It is just as we hear of people walking or eating, drinking, writing, pilfering and so on in their sleep, and yet they are absolutely unconscious of doing these gross actions. It is not uncommon for a person to talk in his sleep. All those around him can hear him speaking in his sleep, but the person himself is not aware or conscious of his own speaking. In the same way, the ones on the Mental planes are totally unconscious of gross and subtle actions and spheres, although all their gross and subtle actions are the outcome of their thoughts and feelings—the functions of Mind.

Those on the Mental planes, while controlling the

62
정신적 의식

정신적 경지(Mental plane)에 있는 이들은 물질적 경지나 기적 경지(Gross or Subtle planes)를 의식하지 못한다. 그렇다면 정신적 경지에 있는 이는 대체 어떻게 말하고, 먹고, 마시는 등의 행위를 하는 걸까? 즉, 어떻게 그들은 물질적 경지에 있는 일반적인 사람이 하는 것과 똑같은 행위를 하는 것일까?

이것은 우리가 몽유병 환자들에 대해서 들은 바와 같다; 그들은 자는 도중에 자신이 무얼 하는지 전혀 의식하지 못한 채 걷고, 먹고, 마시고, 글도 쓰며, 심지어 좀도둑질까지 한다고 한다. 사람이 자면서 말을 하는 것이 드문 일은 아니다. 주변 사람들은 그가 자면서 하는 이야기를 들을 수 있지만, 정작 본인은 자신이 말하고 있다는 사실도 의식하지 못한다. 이처럼 정신적 경지에 있는 사람들도, 물질적 영역과 기적 영역에 관해서는 전혀 의식하지 못한다; 비록 그들의 모든 물질적 행위와 기적 행위는 마음(Mind)의 작용인 생각과 감정의 결과이긴 하지만, 그들은 물질적 영역과 기적 영역에서의 자신의 행위를 전혀 의식하지 못한다.

정신적 경지에 있는 사람들은, 기적 경지와 물질적 경지에 있는 사

thoughts and consequent actions of others on the Subtle and Gross planes, are themselves not conscious of their own gross and subtle actions. This is because such a thing as gross or subtle does not exist for them. Their consciousness is totally severed and dissociated from the Gross and Subtle spheres. For instance, an ordinary man cannot but say he is man, for he identifies himself with the gross body. He is gross-conscious and his consciousness of being is associated directly only with the gross body (sharira). Another, who is on the Subtle planes, cannot but identify himself with the subtle body (prana); while yet another, who is on the Mental planes cannot but identify himself with the mental body (mana). This 'Mind personified' atma of the Mental plane, who as MANA cannot by any remotest possibility ever identify itself as Sharira or Prana, is wholly dissociated from the gross and subtle bodies and cannot experience the Gross and Subtle spheres.

For example, let us imagine India as representing the Gross world, England as the Subtle world, and America as the Mental world. If A is in India he has full consciousness of India and has totally NO consciousness of England and

람들의 생각과 그 생각의 결과물인 행위들은 조정(컨트롤)하면서도, 본인 자신의 물질적 행위들과 기적 행위들은 전혀 의식하지 못한다. 그 이유는, 물질적 영역과 기적 영역의 것들이 그들에게는 존재하지 않기 때문이다. 그들의 의식은 물질적 영역과 기적 영역으로부터 완전히 단절되어 분리되어 있다. 예를 들어, 일반적인 사람은 자신의 정체성을 물질적 신체와 동일시(identify)하기 때문에 스스로를 '인간'이라고 밖에는 생각할 수 없다. 그는 물질적 의식을 지녔으며, 그가 의식하는 존재감도 오직 그의 물질적 신체(sharira)와만 직접적으로 연관돼 있다. 다른 예로, 기적 경지에 있는 사람은 자신을 기적 신체(prana)와 동일시할 수밖에 없다; 또 다른 예로, 정신적 경지에 있는 사람은 자신을 정신적 신체(mana)와 동일시할 수밖에 없다. 이 정신적 경지에 있는 '인격화된 마음'(Mind personified)은, 자신을 샤리라(물질적 신체)나 프라나(기적 신체)와 동일시할 일말의 가능성도 없다; 그는 자신의 물질적 신체와 기적 신체로부터 완전히 분리되어, 물질적 영역과 기적 영역을 전혀 체험하지 못한다.

예를 들어, 인도를 물질적 세계라고 하고, 영국을 기적 세계, 미국을 정신적 세계라고 하자. 만약 A가 인도에 있다면 그는 인도에 대해선 '완성된 의식'(full-consciousness)을 지니지만, 영국이나 미국에 대해선 아무런 의식도 없을 것이다. A가 영국으로 가면, 그는 당연히 인도나 미국에는 있을 수 없다. 이제 그는 인도와 미국으로부터 완전히 분리된 것이다. 그는 전과 다름없이 '완성된 의식'을 지니고 있지

America. When A goes to England, he is obviously neither in India nor in America. He is now entirely removed from these two places. He possesses full consciousness as before, but this same full consciousness is now absolutely and entirely in England. India is totally dropped form the orbit of his consciousness, while America has not yet entered into it.

Similarly, when A goes to America, he is neither in India nor in England. He is now entirely withdrawn from these two places. He continues to possess full consciousness as before but this same full consciousness is now absolutely and entirely in America. India and England are totally dropped from the orbit of his consciousness.

Again, consciousness may be compared to the light from a flashlight or torch. The area illuminated by the light of the torch represents the particular plane of consciousness. Imagine three regions stationed at increasing distance from you termed M, S, and G, to represent the Mental, Subtle, and Gross planes; these are in complete darkness to begin with.

When the light of the torch is directed on G (represent-

만, 그 똑같은 '완성된 의식'이 이제는 전적으로, 완전히 영국에 와있다. 그리고 인도는 그의 의식의 궤도에서 완전히 벗어났으며, 미국은 그의 의식의 궤도에 아직 들어오지 않았다.

마찬가지로 A가 미국에 가면, 그는 인도에도 영국에도 없다. 그의 의식은 두 나라로부터 전적으로 철수된 것이다. 그는 전과 다름없이 '완성된 의식'을 지니고 있다; 그러나 그 의식이 이제는 전적으로, 완전히 미국에 와있다. 그리고 이제 인도와 영국은 그의 의식의 궤도로부터 완전히 벗어났다.

다르게 설명하면, 의식은 횃불이나 손전등에서 나오는 빛에 비유할 수 있다. 손전등의 빛이 비추는 지역은 의식이 머무는 특정한 경지를 상징한다고 하자. 그대가 있는 곳에서 점점 멀어져가며 (정신적, 기적, 물질적 세계를 상징하는) M, S, G의 세 지역이 있다고 상상해보자; 완전한 어둠 속에서 말이다.

손전등의 빛이 (물질적 경지를 상징하는) G를 향해 비출 때, 그대 자신에게서 가장 먼 곳에 있는 G 지역은 그 빛의 초점이 되어 모든 빛을 받고 완전히 밝아진다; G의 주변부는 빛이 집중된 G에서 어둑하게 반사된 빛만 조금씩 받는다. 그러나 S와 M 지역은 아직도 완전한 어둠 속에 있다.

드디어 그 빛의 초점이 그대에게 더 가까운 (기적 경지를 상징하는) S 지역으로 이동하면, G 지역은 완전한 어둠 속에 남게 된다. 이제는 S 지역만 완전히 밝아지고, 이동한 빛의 새로운 초점인 S의 주

ing the Gross plane), which is furthest from yourself, this region comes under the direct focus of light and is fully lit, with its immediate vicinity dimly glowing from the reflection of that focussed light. The areas S and M are yet in total darkness.

If this light is at last made to shift nearer toward you to focus on S (representing the Subtle plane), the region G is left in total darkness. Now S alone is fully illuminated, with the dim glow of reflection having moved to the vicinity of the newly focussed area of light.

If this focus of light is shifted still nearer toward you to M (representing the Mental plane), both the regions G and S are left in total darkness. It is now M that receives the full and direct focus of light, and it alone is fully illuminated; while the dim glow of reflection is automatically thrown around this newly focussed area of light.

When the focus of this same light is finally shifted still nearer, not only toward you but actually ON you, it is yourself that is fully lit, and all the three regions, G, S and M, are in total darkness. You are thus fully conscious only of your SELF. This final focussing of the light (consciousness) on to

변부는 어둑하게 반사된 빛만 조금씩 받는다.

만일 그 빛의 초점이 그대에게 더 가까운 (정신적 경지를 상징하는) M 지역으로 이동하면, G 지역과 S 지역은 완전한 어둠 속에 남게 된다. 이제는 M 지역만 완전히 밝아지고, 이동한 빛의 새로운 초점인 M의 주변부는 어둑하게 자연적으로 뿌려진 반사된 빛만 조금씩 받는다.

마침내 똑같은 빛의 초점이 더욱 가까이 와서 그대 자신에게 향할 뿐 아니라 실제로 그대 자신에게 집중되면, 이때는 그대 자신이 완전히 밝아진다; 그리고 G, S, M 지역은 완전한 어둠 속에 잠긴다. 따라서 그대는 오직 그대의 참나(SELF)만 완전히 의식하게 된다. 그대의 참나(Self)에 이 빛(의식)의 최종적 초점을 집중하는 것이 바로 참목표(Goal)이다. 이것이 참나-계몽(Self-illumination)이며, 다른 말로는 신적 깨달음(God-realization)이라고 한다.

물질적 의식이나 기적 의식을 지닌 아트마들이 볼 때, 정신적 경지에 있는 이가 하는 모든 행위들은 그 정신적 행위(mental action)에서 비롯되는 기적, 물질적 발현(manifestation)밖에는 안 보인다. 정신적 경지에 있는 이가 행하는 듯한(apparently) 행위들은 물질적 경지에 있는 그대가 볼 때, 그 사람의 정신적 기능의 패턴을 그대 자신의 물질적 의식의 화면에 해석한 내용으로만 보인다. 정신적 경지에 있는 이는, 물질적 세계와 기적 세계로부터 완전히 분리되어 있다; 그는 겉으로는 다를 바 없이 보여도, 물질적 세계의 사람이 먹고

your Self is the Goal. This is Self-illumination, or in other words God-realization.

Any action performed by one on the Mental planes, as observed by the gross-conscious or subtle-conscious atmas, is nothing but a gross or subtle manifestation of a mental action. The apparently gross action that you on the Gross plane see performed by one on the Mental plane, is merely the pattern of that mental function translated on the screen of your own gross consciousness. Hence, the one on the Mental plane, totally dissociated from the gross and subtle, does NOT speak, eat, or drink in the sense that those on the Gross plane eat, drink and speak, though he appears to do so. When you see such a one eating, drinking, speaking, etc., it is nothing but your own gross interpretation of the reflection of his mental activity.

For example, when you see the moon reflected in a lake, to all intents and purposes it is in the water as long as your gaze is directed at the lake. The moon is not in the water. The reflection of the moon is in the water; but it appears as if the moon is in the water. So, the consciousness of the one on the Mental planes is not here. The reflection of his con-

마시고 말하듯이 먹고 마시고 말하지 않는다. 이런 사람이 먹고 마시고 말하는 모습을 볼 때 그대의 눈에 보이는 모습은, 그의 정신적 활동에서 반영된 내용을 그대 자신의 물질적 눈으로 해석한 모습일 뿐이다.

예를 들어, 그대가 호수에 비친 달만을 바라본다면, 사실상 달은 물 속에 있는 것과 다름 없을 것이다. 물론 달은 물 속에 있지 않다. 물 속에 있는 것은 달의 반영일 뿐이다; 그러나 그대의 눈에는 달이 물 안에 있는 듯 보인다. 이처럼 정신적 경지에 있는 이의 의식은 이곳(물질적 영역)에 있지 않다. 그의 의식의 그림자만이 여기에 있다; 단지 그가 물질적 경지를 의식하는 것처럼 보이는 것이다.

정신적 경지에 있는 이가 어떤 행위를 할 때, 그 행위는 기적 경지나 물질적 경지의 의식을 지닌 그 누가 보아도 이해할 수 없다. 그 똑같은 행위를 기적 경지에 있는 사람과 물질적 경지에 있는 사람은 서로 다르게 해석한다; 이것은 각자가 다른 차원의 의식으로 비추어보고 있기 때문이다.

요약하면 정신적 경지에 있는 이의 마음의 작용을 물질적 경지에 있는 그대가 받아들일 때, 그대는 자신의 물질적 의식을 통해 접수하게 된다; 그리고 그대의 인식 범위와 이해 능력에 익숙한 형태와 움직임으로 그 내용을 받아들이게 된다.

sciousness is here; but it appears as if he was conscious of the Gross plane.

When one on the Mental planes performs an action, that act cannot be comprehended by any one having consciousness only of the subtle or the gross. That same act is interpreted differently by the ones on the Subtle planes and the ones on the Gross plane, in the light of their own respective consciousnesses.

In short, the function of Mind of one on the Mental planes, when received by you on the Gross plane, comes through the channel of your gross consciousness and reaches you in the shape or movement familiar to your range of awareness and capacity of comprehension.

역자 주

* 완성된 의식(full-consciousness) : 이 장에서 이 단어는 '완성된 의식'을 의미하는 동시에 '그 의식 전체'를 의미할 수 있다. 메허 바바의 가르침에 의하면, 의식(consciousness)은 돌이나 식물, 동물 등 진화의 단계에서는 미완성된 상태며, 인간의 단계에 이르러 비로소 완성된다. 이 장에 나오는 full-consciousness는 그러한 '완성된 의식'을 의미하면서, 동시에 '그 완성된 의식 전체'를 뜻한다고 볼 수 있다.

63

The Working of the Avatar

The Avatar draws upon Himself the universal suffering, but He is sustained under the stupendous burden by His Infinite Bliss and His infinite sense of humour. The Avatar is the Axis or Pivot of the universe, the Pin of the grinding-stones of evolution, and so has a responsibility towards everyone and everything.

At each moment in time He is able to fulfil singly and together the innumerable aspects of His universal duty because His actions are in no way constrained by time and distance and the here and now of the senses. While engaged in any particular action on the gross plane He is simultaneously working on all the inner planes. Unlike the actions of ordinary men, the Avatar's every action on the gross plane brings about numberless and far-reaching results on the different planes of consciousness. His working on the inner planes is effortless and continues of itself, but because of the

63
아바타의 작업

아바타는 우주의 모든 고통을 자기 자신에게로 끌어들인다. 그러나 그의 무한한 지복과 무한한 유머감각은 그 어마어마한 짐을 견뎌내도록 그를 지탱시켜 준다. 아바타는 온 우주의 중심축 또는 중심점이며, (돌고 도는) 맷돌과 같은 진화과정의 중심이기 때문에, 모든 존재와 모든 사물에 대한 책임을 지닌다.

시간 속에서 매순간마다, 아바타는 자신의 우주적인 의무의 무수한 측면들을 개별적으로 또는 한꺼번에 완수할 수 있다; 왜냐하면 그의 행위들은 시간과 거리의 제한, 또는 오감(senses)의 영역인 '지금'과 '여기'의 제한을 전혀 받지 않기 때문이다. 그는 물질적 경지에서 어떤 특정한 활동을 하는 중에도 모든 내적 경지*들에서도 작업을 하고 있다. 평범한 사람의 행위와 달리, 물질적 경지에서의 아바타의 모든 행위들은 다른 의식의 경지들에도 수많은 광범위한 결과들을 초래한다. 내적 경지들에서의 그의 작업은 노력 없이 일어나며, 자체적으로 지속된다; 그러나 물질적 경지는 본성상 물질적이므로, 이 경지에서 그의 작업에는 상당한 노력이 요구된다.

일반적으로, 평범한 사람이 행하는 행위들은 각각 한 번에 하나의

very nature of grossness His work on the gross plane entails great exertion.

As a rule each action of an ordinary person is motivated by a solitary aim serving a solitary purpose; it can hit only one target at a time and bring about one specific result. But with the Avatar, He being the Centre of each one, any single action of His on the gross plane brings about a network of diverse results for people and objects everywhere.

The Avatar's action on the gross plane is like the throwing of a main switch in an electric power-house, which immediately and simultaneously releases an immense force through many circuits, putting into action various branches of service such as factories and fans, trains and trolleys and lighting for cities and villages.

An ordinary physical action of the Avatar releases immense forces in the inner planes and so becomes the starting point for a chain of working, the repercussions and overtones of which are manifest at all levels and are universal in range and effect.

Everything in the universe is, and from the beginning has been, a materialization of the divine Original Whim

목적만을 동기로 삼는다; 각각의 행위들은 오직 하나의 목적을 추구할 수 있으며, 하나의 특정한 결과만을 가져올 수 있다. 그러나 각각의 모든 존재의 중심인 아바타가 물질적 경지에서 행하는 행위는, 단 하나의 행위라도 모든 곳에 있는 사람들과 사물들을 위한 다양한 결과의 회로망을 초래한다.

물질적 경지에서의 아바타의 행위는 전기발전소의 주 전원 스위치를 켜는 것과 같다; 즉 그의 행위는 켜는 즉시 그리고 동시에 여러 회로를 통해 엄청난 힘을 방출하여, 여러 마을과 도시의 조명, 기차와 전철, 공단과 선풍기 등의 다양한 서비스 지점에 전력을 제공하는 발전소의 주 전원을 켜는 것과 같다.

아바타의 평범한 육체적 행위 하나는 여러 내적 경지들에 엄청난 힘(세력)을 방출시켜 사슬처럼 이어지는 연쇄작업의 출발점이 되고, 이 행위의 영향력과 여파는 모든 경지에 발현되며, 그 범위와 효과는 전우주적이다.

우주의 시작에서부터, 우주 안의 모든 것들은 신성한 '근원적 충동'(Original Whim)으로부터 물질화되어온 것이다. 이 과정에는 돌이킴이나 불이행, 또는 빗나감이나 무산됨도 없다. 이것은 근원적 충동에서 비롯된 패턴(각본)에 따라 한 장면에서 다음 장면으로 이어지는, 의식의 화면에 펼쳐지는 천지창조의 영화다. 그러나 신이 갓맨으로 관중의 역할을 맡게 되면, 근원적 충동으로부터 운명지어졌던 어떤 상황이나 사물을 '그의 아바타적 충동'(His avataric whim)대로

working out irrevocably without default, deflection or defeat. It is the unfolding upon the screen of consciousness of the film of creation, sequence after sequence, according to the pattern that issued from the Original Whim. However, when God as God-Man plays the role of Audience He can alter or erase at His avataric whim any thing or happening which was destined from the Original Whim. But the very arising of the avataric whim was inherent in the Original Whim.

The Sufis distinguish between Qaza or destined occurrences, and Qadar or happenings which are impulsive or 'accidental'. The Avatar's or Qutub's actions are impulsive and arise from their infinite compassion; and the functioning of this whim relieves and gives beauty and charm to what would otherwise be a rigid determinism.

The Qutub's actions bring about modifications in the previously determined divine Plan, but they are limited in extent. But the Avatar's interventions bring about modifications on a universal scale. For instance, supposing that it was divinely ordained for a war to occur in 1950. It must take place at the appointed time, and the train of events

바꾸거나 심지어는 지울 수도 있다; 그러나 이러한 '아바타적 충동'의 솟아오름마저 원래의 '근원적 충동' 안에 이미 내재되어 있었던 것이다.

수피들은 운명지어진 일들인 Qaza(카자)와, 충동적으로 벌어지는 일들인 Qadar(카다르)를 구분한다. 아바타나 쿠툽의 행동들은 그들의 무한한 자비심으로부터 충동적으로 솟아오른다; 이러한 충동의 기능은, 그 충동이 없었더라면 엄격한 결정론으로만 흘러갔을 이 세상에 아름다움과 매력을 불어넣으며 안도를 주는 것이다.

쿠툽의 행위들은 사전에 결정된 신성적 계획을 변경한다; 그러나 이러한 변경의 범위는 제한되어 있다. 그러나 아바타의 개입은 우주적 규모의 수정을 가져온다. 예를 들어, 어떤 전쟁이 1950년에 일어나는 것으로 신의 뜻에 의해 정해져 있었다고 하자. 그 전쟁은 정해진 시간에 발발해야 하며, 이와 관련된 일련의 사건들은 정해진 시간표에 맞춰서 정확하게 일어나야 한다. 그러나 만일 그 당시 아바타가 세상에 내려와 있다면, 그는 그의 카다르(Qadar)를 행사하여 물질적 경지에서의 특정한 행동을 통해 그 재앙을 막을 수 있다. 이런 식으로 가차없이 진행되는 자연의 법칙에 불가해한 신성적 변덕이 개입되어, 인류의 일기장에 전쟁 대신 평화가 기록되게 할 수 있다. 카비르는 이렇게 말했다:

오 카비르여! 라마는 절대 운명의 (연결)선들을 없애지 않네; 그분은 전능하기에 운명을 완전히 취소할 수도 있으나, 그분은 자신이 계

which follows will punctually meet the present time-table. However, if the Avatar is in the world at the time He might, in His exercise of Qadar, ward off the catastrophe by some particular action on the gross plane. And so in the relentless working out of the laws of Nature there can enter the inexplicable divine caprice, spelling out peace instead of war in the diary of man. Kabir has said:

Kabir rekha karam kee kabhee na meete Ram Meetanhar samarth hai para samajh kiya hai kam.

O Kabir! The lines of fate are never effaced by Rama; He is All-powerful and can undo destiny, but He never does so for He has given full thought to what He has planned.

The Avatar does not as a rule interfere with the working out of human destinies. He will do so only in times of grave necessity — when He deems it absolutely necessary from His all-encompassing point of view. For a single alteration in the planned and imprinted pattern in which each line and dot is interdependent, means a shaking up and a re-linking of an unending chain of possibilities and events. The least divergence from the pre-drawn line of Fate not only requires infinite adjustments within the immediate or-

획한 것을 이미 완벽히 생각해(full thought) 보았기에 그것을 결코 바꾸지 않네.

아바타는 원칙적으로 인간 운명의 정상적 작용에 개입하지 않는다. 그는 중대한 필요성이 있는 경우, 즉 전체를 포괄하는 그의 관점에서 절대적으로 필요하다고 판단될 때만 개입한다. 미리 계획되고 각인된 패턴(개요)은 상호의존적으로 연결된 각각의 선과 점들로 이루어진다; 이 패턴에서 단 하나만 수정해도, 끝없이 연달아 파생되는 사건들과 가능성들의 사슬망을 전체적으로 뒤흔든 뒤 재연결해야 함을 의미한다. 이미 그려진 운명의 선에 대한 최소 단위의 교정일지라도 관련된 개인의 궤도가 그 즉시 무한 변경될 뿐 아니라, 그 여파에 의해 과거로부터 산스카라로 연결된 다른 사람들과의 유대관계에도 끝없이 손봐야 할 교정사항들을 초래한다.

사실, '아바타적 충동' 또한 신성적 운명(기획)의 일부이다. 카자(Qaza)는 아바타의 '우연한' 개입에 대해 절대적인 필요성을 마련해 준다; 그리고 그 개입의 예측불가함마저도 카자에 미리 예견되어 있다 – 그의 개입이 일어나는 것은 그의 무한한 자비심 때문이며, 카자에 이미 기획된 거절될 수 없는 교정(사항)이다. 이 아바타적 충동의 작용에는 조금도 우연의 요소가 없다. 이 충동에서 나오는 행위의 목적은 완벽하며, 그 결과도 정확하다.

다음 이야기에서 볼 수 있듯이, 평범한 사람의 충동이 현상세계에 표현될 때는 전혀 빗나간 결과들을 초래할 수 있다. 어떤 술취한

bit of the individual concerned, but involves in its interminable repercussions all those connected by the bond of past sanskaras.

The avataric whim is also part of the divine Destiny. Qaza provides for the absolute necessity of the Avatar's 'chance' intervention, and the very unpredictability of this intervention is predicted in Qaza—for His infinite compassion, because of which His intervention occurs, may not be denied. In the working out of the avataric whim there is not the least element of chance. The aim of the whim's action is perfect and its result is precise.

An ordinary person's whim, when expressed, may have consequences quite outside itself, as illustrated by the following story. A drunken man was passing by a wood-apple tree and had a whim to taste one of its fruits. As a rule a drunkard has a distaste for sour or tart things because they nullify the effects of drink, so this man's wanting a wood-apple was purely a whim, independent of thought or real desire. He picked up a stone and threw it at the tree. The stone missed any of the apples, killed a bird, scared away many others and fell on the head of a traveller rest-

사람이 '인도의 신맛 나는 사과'(wood-apple) 나무 옆을 지나가다가 갑자기 사과맛을 보고 싶은 충동이 생겼다. 신맛은 술을 깨게 만들기 때문에, 보통 술꾼들은 신맛 나는 것을 싫어한다; 따라서 이 사람이 신 사과를 원한 것은 실제적인 욕망이나 생각과는 무관한, 순수한 '충동'이었다. 그는 돌을 하나 들어 나무에 돌을 던졌다. 그 돌은 사과는 하나도 못 맞추고, 대신 새를 한 마리 죽이고 나머지 새들은 놀라 도망치게 했다; 그리고는 나무 밑에서 쉬고 있던 어느 여행자의 머리 위에 떨어졌다. 이처럼 그 술꾼의 갑작스러운 충동의 무계획적인 표현은, 그 충동을 실현하는데 실패했을 뿐 아니라 완전히 빗나간 결과들만을 초래하였다. 그 충동은 현실과 무관한 공상에 불과했고, 이로부터 비롯된 행동은 그 충동을 불러일으킨 대상과도 아무런 연관이 없었다. 아바타의 충동의 실현에는, 이런 일이 절대로 일어날 수 없다. 자비심에서 솟아오르는 아바타의 충동은 완벽함의 표현으로서, 그 목적과 결과도 완벽하다.

역자 주

내적 경지(inner planes) : 기적(subtle), 정신적(mental) 경지를 함께 이르는 말. 바깥의 현상세계에 속하는 물질적(gross) 경지와 구분되는 내적 경지들.

ing beneath the tree. Thus the haphazard expression of the drunkard's whim not only failed to accomplish the whim but brought about results completely outside it. The whim was merely an unrelated fancy, and the action stemming from it had no connection with its object. This sort of thing can never happen in the exercise of the Avatar's whim. Arising from compassion and expression of Perfection it is perfect in its aim and results.

64

Forgive and Forget

People ask God for forgiveness. But since God is everything and everyone, who is there for Him to forgive? Forgiveness of the created was already there in His act of creation. But still people ask God's forgiveness, and He forgives them. But they, instead of forgetting that for which they asked forgiveness, forget that God has forgiven them, and, instead, remember the things they were forgiven—and so nourish the seed of wrongdoing, and it bears its fruit again. Again and again they plead for forgiveness, and again and again the Master says, I forgive.

But it is impossible for men to forget their wrongdoings and the wrongs done to them by others. And since they cannot forget, they find it hard to forgive. But forgiveness is the best charity. (It is easy to give the poor money and goods when one has plenty, but to forgive is hard; but it is the best thing if one can do it.)

64
용서하고 잊어버려라

사람들은 신에게 용서를 구한다. 그러나 신은 모든 것이고 모든 사람인데, 그에게 용서할 누군가가 있겠는가? 창조된 존재들에 대한 용서는 그분의 창조 행위 안에 이미 포함되어 있었다. 그런데도 여전히 사람들은 신의 용서를 구하고, 신은 그들을 용서해준다; 그러나 사람들은 신이 그들을 용서했음을 완전히 잊어버리고, 대신 자신이 용서받았던 내용들만을 기억한다 ― 이렇게 그들은 잘못된 행동의 씨앗에 물을 주고, 그 씨앗은 커서 다시 잘못의 열매를 맺게 된다. 그래도 그들은 계속해서 용서를 거듭 간청하며, 마스터는 계속해서 '용서한다'고 말한다.

인간은 자신이 잘못한 일들과, 남들이 자신에게 잘못한 일들을 잊지 못한다. 잊을 수 없기 때문에 용서는 그만큼 어려워진다. 하지만, 용서는 최고의 자선행위다. (많이 가진 사람이 가난한 사람들에게 돈을 주는 것은 쉽지만, 용서하기는 어렵다; 하지만 할 수만 있다면, 용서야말로 최고의 자선이다.)

인간은 서로를 용서하려는 대신에 싸운다. 일단 손과 몽둥이로 싸우게 되자, 얼마 후에 창과 활로 싸웠고, 다음에는 총과 대포로 싸웠

Instead of men trying to forgive one another they fight. Once they fought with their hands and with clubs. Then with spears and bows and arrows. Then with guns and cannon. Then they invented bombs and carriers for them. Now they have developed missiles that can destroy millions of other men thousands of miles away, and they are prepared to use them. The weapons used change, but the aggressive pattern of man remains the same.

Now men are planning to go to the moon. And the first to get there will plant his nation's flag on it, and that nation will say, It is mine. But another nation will dispute the claim and they will fight here on this earth for possession of that moon. And whoever goes there, what will he find? Nothing but himself. And if people go on to Venus they will still find nothing but themselves. Whether men soar to outer space or dive to the bottom of the deepest ocean they will find themselves as they are, unchanged, because they will not have forgotten themselves nor remembered to exercise the charity of forgiveness.

Supremacy over others will never cause a man to find a change in himself; the greater his conquests the stronger is

다. 그 후에는 폭탄과 항공모함을 발명하였다. 이제 인간은 수천 마일 떨어져 있는 사람들 수백만을 죽일 수 있는 미사일들을 개발했으며, 그것을 사용하기 위한 준비도 마쳤다. 무기는 변했지만, 인간의 공격적인 성향은 변함없이 그대로 남아 있다.

이제 인간은 달에 갈 계획을 세우고 있다. 그리고 처음으로 달에 도착하는 나라는 그 나라의 국기를 꽂고, 이렇게 말할 것이다 "이 달은 우리 것이다"라고. 그러나 또다른 나라가 나타나 그 주장에 반박할 것이고, 두 나라는 달의 소유권을 놓고 이 지구에서 싸우게 될 것이다. 달에 간 사람이 누구든간에, 그는 무엇을 발견하게 될까? 자기 자신 말고는 찾을 것이 없을 것이다. 만약 사람들이 금성에 간다 해도, 그들 자신 말고는 찾지 못할 것이다. 인간이 우주로 날아 오르거나 가장 깊은 심해의 바다까지 잠수한다 해도, 변하지 않은 그대로의 자신만을 발견할 것이다; 그들은 자기 자신도 잊지 못하면서, 용서를 실천하는 자선행위도 기억하지 못할 것이기 때문이다.

남을 지배하는 것으로는 결코 자신 안의 변화를 가져올 수 없다; 인간은 더 큰 것을 정복하면 할수록 – 자신의 파워 외에는 신이 따로 없다는 마음(mind)의 주장을 – 더 확고히 믿게 된다. 따라서 그는 절대적 파워 자체인 신으로부터 동떨어진 채 남게 된다.

그러나 언젠가 그 똑같은 마음이 '신이라고 부를 수 있는 무언가가 있다'라고 말하게 되면, 그 똑같은 마음이 신의 얼굴을 직면하고파 신을 찾으라고 부추기는 때가 오면, 그는 자신을 잊기 시작하게 되고

his confirmation of what his mind tells him—that there is no God other than his own power. And he remains separated from God, the Absolute Power.

But when the same mind tells him that there is something which may be called God, and, further, when it prompts him to search for God that he may see Him face to face, he begins to forget himself and to forgive others for whatever he has suffered from them.

And when he has forgiven everyone and has completely forgotten himself, he finds that God has forgiven him everything, and he remembers Who, in reality, he is.

그에게 어떤 고통을 끼친 사람일지라도 용서하게 될 것이다.

그리고 그가 모든 사람을 용서하고 자신마저 완전히 잊게 되면, 신께서 이미 그의 모든 것을 용서하셨다는 사실을 알게 되며, 실재의 자신이 누구(Who)인지를 기억하게 될 것이다.

65

Ignorance Personified

God is Indivisible One, and is indivisibly in each one and everything.

What is it then that causes apparent divisions? There are no divisions as such, but there is an appearance of separateness because of ignorance. This means that everything is of ignorance and that every one is Ignorance personified.

A drop in an ocean is not separate from the ocean. It is a bubble over the drop that gives it an appearance of separateness, but when the bubble bursts the drop is not, and the indivisible ocean is.

When the bubble of ignorance bursts the self realizes its oneness with the indivisible Self.

65
인간화된 무지

신은 나뉠 수 없는 하나(One)며, 각각의 모든 이와 모든 것 안에 불가분하게 있다.

그렇다면 현상적(apparent) 분리됨은 무엇 때문에 일어나는 것인가? 사실 분리 같은 것은 없다; 다만 무지로 인해 분리된 듯한(apparent) 모습이 있는 것이다. 이는 곧 모든 것이 무지이며, 모든 사람이 '인간화된 무지'(ignorance personified)라는 것을 의미한다.

바다 속의 물방울은 바다와 분리되어 있지 않다. 그 물방울을 덮은 거품이, 분리된 듯한 모습을 띠게 할 뿐이다; 그러나 언젠가 그 거품이 터지면, 물방울은 사라지고 불가분한 바다만이 남는다.

무지의 거품이 터질 때, 자아는 '불가분한 참나'와 자신이 하나임을 깨닫는다.

Words that proceed from the Source of Truth have real meaning. But when men speak these same words as their own, the words become meaningless.

진실의 근원으로부터 비롯된 말들은 참된 의미를 갖는다.
그러나 사람들이 똑같은 말을 자신의 말인 것처럼 할 때,
그 말들은 의미를 잃고 만다.

Introduction

These Discourses were given over the last two or three years to his disciples by one who needs no introduction because he is the Self of every self and has his home in every heart; but because we have forgotten this he has re-introduced himself to men as the Ancient One who is before all things were and will be after all things have ceased to exist.

In earlier times he was known as Jesus the Christ and Gotama the Buddha and Krishna the Lover and Rama the King. This time he is called Meher Baba. Later, after he has dropped his mortal body, men will probably add 'The Awakener' after his name, for he has said, I have come not to teach but to awaken.

Meher Baba asserts that he is God, Truth Absolute, and says he has taken form solely because of his compassion for suffering humanity. Man's suffering is great. Despite the propaganda programmes of 'things were never better' man's suffering is so great that he has devised the means of self-annihilation, to extinguish himself and his seed utterly. The question that now occupies the minds of all thinking

영문판(원문) 소개글

이 책의 내용은, 모든 자아(self) 속에 있는 참나(Self)이며 모든 이의 가슴(heart) 속에 거하고 있기에 어떠한 소개도 필요없는 그분이 지난 2~3년 동안 제자들에게 주신 담론들입니다; 그러나 우리가 그 사실을 잊었기 때문에 그는 – 일체 만물이 존재하기 전에도 존재했고 일체 만물이 사라진 뒤에도 여전히 존재할 고대의 그이(Ancient One)로서 – 자신을 다시 인류에게 소개하였습니다.

예전에 그분은 예수 그리스도로 알려졌으며, 고타마 붓다, 연인 크리슈나, 제왕 라마로도 알려졌습니다. 그리고 이번에는 '메허 바바'로 불리게 되었습니다. 그가 자신의 유한한 육신을 버리고 간 이후에, 인류는 아마도 그의 이름 앞에 '일깨우는 이'(The Awakener)라는 호칭을 붙이게 될 것입니다. '나는 가르치러 온 것이 아니라, 깨우기 위해 왔다'라고 그가 말했기 때문입니다.

메허 바바는 자신이 신(God)이며 절대적인 진실(Truth Absolute)이라고 선언하며, 그가 인간의 형태를 취한 것은 오직 인류의 고통에 대한 자비심 때문이라고 얘기합니다. 인간의 고통은 엄청납니다. '인류 역사상 지금이 가장 좋은 시기다'라는 선전 전략(propaganda program)에도 불구하고, 인류의 고통은 너무도 극심하여 그들은 자신들과 후세의 씨까지 말려버릴 수 있는 자기 파멸의 수단을 고안해 낸 상태입니다. 이 문제에 대해 깊이 생각해 온 사람들의 마음을 마

유와 무 | 311

men is how this destruction may be averted – for the power for this destruction is in the hands of men who are not morally equipped to be the custodians of such power.

This thinking is not in clear streams, but is rather as the crosscurrents of an agitated sea seeking a channelled flow toward Something that can guarantee continued existence. With religionists this Something tends to take the form of Someone, the world Saviour which all religions promise.

Meher Baba says he is this Something or Someone. 'I am the One whom so many seek and so few find.'

Naturally many will not accept this assertion. Indeed, while all men are praying for Someone or Something to save the world, some will be praying that this Man be saved from the gigantic deception of believing he is God!

But Truth has never waited for us to accept It, but, as the Wind listeth where It will, proclaims Itself according to Its own sweet will and whim. It is as natural for God-Man to assert, I am God, as it is for us to assert, I am man. And it would be as laughable for GodMan to say, I am not God, as it would be for us to say, I am not man. Our ignorance of divine Truths is colossal and our ideas about God are so

음을 차지하는 질문은 '이 파멸을 어떻게 막아낼 수 있는가?' 하는 것이며, 그 이유는 이러한 파괴력을 손아귀에 쥐고 있는 사람들이 파괴의 힘을 책임지기에 적합한 도덕성을 지니지 못했기 때문입니다.

이러한 생각들은 결코 분명하고 선명한 흐름이 아닙니다. 그보다는, 험난한 바다에서 흐름을 거스르는 역류(逆流)들이 인류의 생존을 보장해줄 '무언가'를 향해 해류를 형성하려는 것과 같습니다. 종교적인 사람에게 이 '무언가'는 모든 종교에서 약속하는 세계의 구세주로서, 어떤 '인간의 형태'로 인식되는 경향이 있습니다.

메허 바바는 자신이 '그 무언가' 또는 '그 사람'이라고 이야기합니다. '많은 이들이 추구하지만, 극소수만이 찾는 그이(the One)가 바로 나다.'라고 말합니다.

당연히 많은 사람들은 그의 이러한 선언을 받아들이려 하지 않을 것입니다. 실제로 모든 사람이 '그 무언가나 누군가가 이 세상을 구원하기를' 기도하고 있는 가운데, '자신을 신이라고 믿는 이 사람을 엄청난 기만으로부터 구제해 달라'고 기도하는 사람들도 일부 있을 것입니다.

그러나 진실(Truth)은 우리의 수용을 기다린 적이 결코 없습니다; 바람이 원하는대로 이리저리 불듯이, 진실도 자체의 달콤한 뜻과 일시적인 충동대로 자신을 선포합니다. 우리가 '나는 인간이다'라고 선언하는 것이 자연스럽듯이, 신인간(God-Man)에게도 '내가 신이다'

elementary.

It takes some courage to accept God as God-Man, for acceptance means surrender of one's individual ego-life. However, since our cherished lives are no longer ours but are in the hands of the first one who will give an order for buttons to be pressed, surrender is not so difficult!

But more courageous than those who surrender themselves to God-Man would seem to be those, who, expecting a Someone or a Something, remain true to their expectation by denying the occurrence of the Advent of God-Man because they cannot prove he is not what he proclaims he is.

And perhaps more courageous than these are those who continue to follow the westering false lights of material progress while the beautiful silent Person of God has already lit the east-sky with the Dawn of a New Humanity . Presently the Sun of his Word will break across the world, and his Glory will be manifest to all.

Meanwhile the Discourses in this book—dictated in silence by Meher Baba through hand-signs – may be said to be indications of the One Word of Truth that he will utter

라고 선언하는 것은 자연스러운 일입니다. 신인간이 '나는 신이 아니다'라고 하는 것은 인간인 우리가 '나는 인간이 아니다'라고 하는 것처럼 우스운 일입니다. 신성적 진실들에 대한 우리의 무지는 엄청나며, 신에 대해 우리가 지닌 개념들은 너무도 초보적입니다.

신을 신인간으로 받아들이는 데는 어느 정도의 용기가 필요합니다; 왜냐하면 그것은, 그 사람의 개체적인 에고의 삶을 포기하는 것을 의미하기 때문입니다. 그러나 우리가 소중히 여기는 삶이 더이상 우리의 것이 아니게 되고, 최후의 버튼들을 누르게 할 첫 명령을 내릴 그분에게 내맡기는 것이기에, 항복이 그리 어렵지만은 않습니다!

그러나 신인간에게 항복하는 이들보다 더 용기있는 사람들은, '그이가 신인간이 아니다'라는 것을 입증하는 데 실패한 나머지 신인간의 출현을 아예 부정함으로써, 여전히 그 누군가나 무언가를 기다리며 자신의 기대에 충실한 채 남아있는 사람들일 것입니다.

그러나 이들보다도 더 용기있는 사람들은, 아름답고 말없는 신의 사람이 이미 신인류(New Humanity)의 여명으로 동쪽의 하늘을 밝히셨는데도, 물질적 진보를 주장하는 서양문명의 거짓된 빛을 계속해서 따르고 있는 사람들일 것입니다. 이제 '그 한마디의 말씀'(his Word)의 태양이 온세계를 뒤덮을 것이며, 그분의 영광이 모두에게 발현될 것입니다.

메허 바바가 침묵 속에서 손동작(手話)으로 남겨주신 이 담론들(Discourses)은, 차후에 그가 침묵을 깨고 인류에게 자신의 신격을

when he breaks his Silence and manifests his Godhood to men. The Everything and The Nothing constitutes a preparation of mind and heart to receive that One Word of Truth when he speaks it.

Francis Brabazon
1st November, 1962

드러낼 때 발언할 '그 한마디의 진실'(One Word of Truth)의 사전적 암시라고 볼 수 있습니다. 〈유와 무〉, 이 책의 구성 내용은 그분이 침묵을 깨고 말씀하실 '그 한마디의 진실'을 우리의 마음과 가슴이 받아들이게 하기 위한 준비과정이라 할 수 있습니다.

프랜시스 브라바존,
1962년 11월 1일

용어사전

* 가슴, 심장 (heart)
영어에서는 인간의 마음을 가슴, 심장(heart)과 머리, 이성(mind)으로 나눈다. 사랑은 가슴(heart)에서 일어나는 작용이며, 생각은 머리, 이성(mind)에서 일어나는 작용이다. 가슴(heart)은 흐느끼고, 머리(mind)는 생각한다.

* 갈망자 (aspirant)
신(진실)과의 합일을 진심으로, 전심을 다해 그 무엇보다도 애타게 갈망하는 사람. 최상의 진실 또는 실재(Reality)를 직접적으로 알고 체험하기를 간절히 열망하는 사람. 〈담론 Discourses〉에 의하면, '사막에서 5일 동안 헤매던 사람이 물 한 잔을 찾듯이 신(진실, 실재)을 애타게 원하는 사람'을 진정한 갈망자라고 한다.

* 갓맨. 신인간 (God-Man)
신이 인간의 형태로 지구상에 직접 내려온 것. 아바타 또는 구세주. 참고로, 맨갓(Man-God)은 인간이 신적 깨달음을 이룬 상태, 즉 신이 된 인간을 말한다.

* 거대한 농담 (mighty joke)
메허 바바는, 이 창조된 현상세계가 '거대한 농담'이라고 자주 얘기하였다.
" 삶이란 거대한 농담에 불과하다 " - 〈로드 메허 Lord Meher〉 중
" 마땅히 신을 중요시하고 삶을 가볍게 여겨야 함에도 불구하고, 보통 삶을 중요시하고 신을 가볍게 여긴다. " - 〈마스터가 일하는 방식 How a Master works〉 중

* 고대의 그이 (Ancient One)

고대의 그이. 하나뿐인 고대의 그분. 시대에 이어 시대마다 돌아오시는 구세주, 화신 (化身)

" 내가 바로 고대의 그이다. 조로아스터, 람, 크리슈나, 붓다, 예수, 모하메드였던 그 고대의 그이가 바로 나다. " - 〈로드 메허 Lord Meher〉중

* 그리스도 의식 (Christ consciousness)

예수님(그리스도)의 의식. 구세주의 의식. 신인간(God-man)의 의식. 신(하나님)의 의식. 파라마트마의 의식. 불교에서는, 일체 중생을 구제하는 부처님의 의식.

* 그분 (He, Him)

신, 하나님을 뜻함. 메허 바바의 책들에 나오는 'He, Him, His'는 모두 신을 부르는 호칭이다. 이에 반해, 소문자 'he, him'은 그냥 보통 인간을 이를 때 쓰인다.

* 근원적 충동 (Original Whim)

시간과 공간을 포함한 현상세계의 모든 것을 창조한 신(神)의 첫 충동. 어떤 다른 원인이나 동기가 없는, 우주의 모든 현상을 일으킨 순수한 최초의 충동. 일체 우주 현상의 근원적 동기.

* 기적 영역/ 세계/ 경지 (subtle sphere/ subtle world/ subtle plane)

메허 바바의 가르침에 의하면 물질적 영역(gross sphere), 기적 영역(subtle sphere), 정신적 영역(mental sphere)이 있으며, 각 영역에 해당하는 물질적 신체(gross body), 기적 신체(subtle body), 정신적 신체(mental body)를 매개체로 각 세계를 체험한다. 그러나 이 모든 영역은 환상(illusion)에 포함된다. 기적 영역(subtle sphere)에는 1경지 ~ 4경지까지의 기적 세계들(subtle worlds)이 속해 있다.

기적 의식(subtle consciousness)을 지닌 영혼은 자신이 위치한 경지에 따라 그에

해당하는 '기적 세계'를 체험한다. 즉, 1경지의 의식을 지닌 영혼은 자신의 기적 신체(subtle body)를 매개체로 1경지에 해당하는 기적 세계를 체험한다. 2경지의 의식을 지닌 영혼은 그의 기적 신체를 매개체로 2경지에 해당하는 기적 세계를 체험한다. 3경지와 4경지도 마찬가지다.

* 러버 (lover)
신 또는 스승을 간절히 사랑하는 사람. 신(스승)에 대한 사랑에 빠져 신(스승)을 연인으로 여기고, '내 님'으로 모시는 사람. 러버가 깊이 사랑하는 대상이 비러벳(Beloved)이 된다.

* 릴라 (Leela)
천지창조를 불러 일으키는 신의 놀이 또는 신이 즐기는 게임(스포츠). 때로는 신의 유머감각을 뜻하기도 한다. 천지창조 속에서 벌어지는 모든 일을 신(Brahma)의 입장에서 볼 때, 신의 릴라(놀이)가 된다.

* 마음, 마인드 (mind)
동양에서 '마음'은 보통 가슴과 머리(이성)를 함께 얘기하지만, 서양에서 'mind'는 대개 '이성'(理性)의 영역만을 얘기한다. 〈유와 무〉에서 마음(mind)이라고 번역된 것은 가슴(heart)이 아닌, '이성, 지능'(intelligence)의 영역으로 이해하면 된다.
- 마음(mind) : 마음의 지능, 지각하는 부분. 이성(理性), 머리, 지능.
- 가슴(heart) : 가슴이 느끼고 원하고 사랑하는 부분. 하트, 심장.

* 마하프랄라야 (Maharpralaya)
천지창조의 완전한 해체(해산). 현상세계의 완전한 해체 또는 없어짐.

* 머스트 (mast)

신에 대한 사랑에 취한 영혼. 보통 높은 경지에 있다. 겉보기에는 정신병자와 다름 없으며, 실제로 거지나 미친 사람처럼 살아간다. 한 자리에 20 ~ 30년 동안 앉아 전혀 움직이지 않는 머스트도 있다. 영어로 'mast'라고 쓰지만, '머스트'라고 발음한다.

* 무지 (ignorance)

모름, 잘못 앎. 진실이 아닌 그 무언가를 진실로 잘못 인식하는 것. 무지(ignorance)는 참지식(Knowledge)의 정반대말. 진실 또는 실재를 모르는 상태. 참지식에 비하면 '세속적 지식'은 무지에 포함된다.

* 물질적 영역/ 세계/ 경지 (gross sphere/ gross world/ gross plane)

물질적 영역(gross sphere)은 미세한 기체에서부터 광물, 식물, 동물을 거쳐 인간에 이르는 '영적 진화'와, 그 후 인간으로서 경험하는 '환생'이 일어나는 영역이다. 물질적 영역에는 물질적 세계(gross world)가 속해 있다. 물질적 의식(gross consciousness)을 지닌 일반적인 사람은 물질적 경지(gross plane)에 위치하며, 물질적 신체(gross body)를 매개체로 물질적 세계만을 체험한다.

* 비러벳 (Beloved)

사랑에 빠진 이(lover)의 사랑을 받는 대상(Beloved). '내 님이여! 사랑하는 주님이여!'라고 할 때의 사랑의 대상이며, 특히 비러벳은 '나만의 내 님'이란 뜻을 지님. 예를 들어, 불교에서 부처님을 친견(親見)하여 부처님을 '내 님'으로 삼게 된 사람을 부처님의 러버(lover)라고 한다. 이때 부처님은 러버가 사랑하는 '비러벳'이 된다. 완벽한 스승을 만난 제자들은 대개 그 스승의 '러버'가 되며, 그들이 사랑하는 완벽한 스승은 '비러벳'이 된다.

* 사하바스 (sahavas, sahawas)

스승(구루)이 살아계실 때 제자와 헌신자들이 육신으로 존재하는 스승의 현존을 찬양하고 누리기 위해 며칠간 함께 하는 즐거운 휴양(休養)과 같은 모임. 스승이 육신을 버린 후에는 러버들이 스승을 기억하고 함께 사랑을 나누는 친교 모임을 의미한다.

* 산스카라 (Sanskaras)

한 개체의 욕망과 행동을 결정하는, 과거의 생들로부터 축적돼 온 인상, 자국들(impressions). 불교용어로 습(習), 식(識), 업식, 업장. 산스카라의 완전한 소멸은 해탈과 다름이 없다.

* 수피 (Sufi)

관상기도나 영적인 황홀경(춤, 음악 등을 포함)을 통해 신(God) 이외의 모든 것을 가슴에서 비워, 궁극적으로 신과의 합일을 목표로 하는 신비주의. 이러한 신비주의는 아주 오래 되어 기원을 알 수 없지만 주로 중동에서 시작됐으며, 아바타가 오실 때마다 아바타의 가르침의 핵심을 따르려는 이들이 계속해서 이러한 움직임을 되살려왔다. 근래에는 주로 이슬람 신비주의로 알려져 있으나, 메허 바바는 '조로아스터가 첫 번째 수피였다'라고 얘기하였다.

* 실재 (Reality, reality)

절대적 실재. 참된 현실. 있는 그대로의 실체.

* 아바타(Avatar)

인격화된 신. 시공을 초월하여 영원히 살아있는 완벽한 스승으로서, 인간의 형태로 지구상에 내려온 신(God)의 발현. 실재(Reality)가 환상(Illusion) 속으로 직접 하강한 것. 구세주, 높은 중에 가장 높은 분, 고대의 그이, 갓맨, 메시아, 붓다, 예수라고도 불린다.

* 아트마 (atma)

개별적 영혼

* 역진화과정 (involution)

영적 역진화과정. 메허 바바의 '영적 진화론'에서 '영적 진화과정'(evolution)에 대응하는 상대어. 영혼이 기체의 단계에서 시작하여 인간의 단계에 이르는 동안 산스카라가 감기고 축적되는 과정을 '영적 진화과정'(evolution)이라고 하며, 제1경지에서 시작하여 제6경지에 이르기까지 산스카라가 풀리고 소멸되는 과정을 '영적 역진화과정'(involution)이라고 한다. 쌓였던 업식(業識)이 소멸해가는 과정을 말하는 불교의 '업장소멸'과 비슷한 의미다.

* 영적 계몽 (illumination)

5, 6 경지에 있는 영혼, 즉 성자(聖者)의 밝아진 의식과 함께 7경지의 신적 깨달음을 이룬 영혼의 완전히 밝아진 의식을 아울러 '계몽된 의식 상태'라고 한다. 보통 Illumined - Saint는 5경지와 6경지에 자리한 영혼을 말하며, Self - illumination은 7경지에 자리한 '깨우친 영혼'을 말한다. 즉, 7경지에서의 실재와 참나에 대해 완전히 밝아진 의식'을 Self - illumined 또는 Self - illumination이라고 한다.

* 영적 구속들 (spiritual bindings; bindings)

영적인 진보를 방해하는 요소들. 한 영혼의 영적 발전, 진보에 장애를 가져오는, 축적된 산스카라들을 말한다. 보통 그 영혼의 집착에서 비롯된 묶임, 속박, 매달림 등을 뜻한다.

* 완벽한 스승 (Perfect Master)

신을 깨달은 영혼 중, '신의식'과 '창조세계(현상세계)의 의식'을 동시에 보유하며 다른 영혼들이 신적 깨달음에 도달할 수 있게 돕는 영혼. 우주를 운영하는 의무를 지니며, 현상세계를 포함한 모든 의식의 경지에서 그 작업을 한다. 메허 바바의 가르침에서는 줄여서 그냥 '마스터'나 '스승'이라고도 한다.

* 완성된 의식 (full consciousness)

의식이 더이상 진화(계발)될 수 없을 정도로 최대한으로 완성된 상태. '영적 진화과정'에서 한 영혼이 미세한 기체부터 식물, 동물 등의 모든 단계를 거치는 동안 산스카라는 계속 축적되고 의식은 발전한다. 마침내 진화의 최종단계인 인간의 형태에 도달했을 때, 그 영혼의 '의식은 완성'된다. 즉, 완성된 의식을 지닌다. 그러나 이 의식은 여전히 무명에 가리워진 상태이다. '의식이 완성'된 후 인간으로서 840만 번의 환생(reincarnation)을 거친 뒤, 역진화과정을 시작한다.

* 일원성, 하나임, 하나됨 (oneness)

둘이 없는 하나. 신의 무한하고 영원한 일원성에는, 둘이나 다원성(manyness)이 있을 수 없고, 분리(separateness)나 개별성(individualization)도 존재하지 않는다. 다원성이 분리된 물방울의 개체적 입장이라면, 일원성(oneness)은 무한한 전체 바다의 입장인 동시에 실재(Reality)다.

* 정신적 영역/ 세계/ 경지(mental sphere/ mental world/ mental plane)

정신적 영역(mental sphere)에는 5경지 ~ 6경지의 정신적 세계(mental worlds)들이 속해 있다. 정신적 의식(mental consciousness)을 지닌 영혼은 자신이 위치한 경지에 따라 그에 해당하는 정신적 세계를 체험한다. 즉, 5경지의 의식을 지닌 영혼은 자신의 정신적 신체(mental body)를 매개체로 5경지에 해당하는 정신적 세계를 체험한다. 또한, 6경지의 의식을 지닌 영혼은 자신의 정신적 신체를 매개체로 6경지에 해당하는 정신적 세계를 체험한다. 완벽한 스승의 도움을 받아 정신적 영역을 초월해야만 7경지의 신적 깨달음의 영역(Reality)에 도달하게 된다.

* 지반묵타 (Jeevanmukta)

'나는 신이다'의 의식을 이루었으나 '창조세계의 의식'을 보유하고 있으며, 그럼에도 완벽한 스승과는 달리 어떤 영적 의무도 지니지 않은 영혼. 해탈했지만, 아직 몸은 버리지 않은 영혼.

* 참나 (Self)

- 참나(Self) : 무한한 근원의 참나
- 자아(self) : 거짓된 자아(false self) = 제한된 자아(limited self) = 개체적 자아(individualized self) = 개별적 자아(separative self)

* 참지식 (Knowledge)

진실, 실재에 대한 앎. 무지(ignorance)의 정반대말. 실재(Reality)에 대한 앎 또는 진실(Truth)에 대한 앎을 참지식이라고 한다. 잘못된 지식은 지식이 아니다. 거짓, 현상계, 세속에 대한 지식은 참지식이 아니며, 오히려 무지(ignorance)에 해당된다. 실재하는 있는 그대로의 진실에 대한 앎만이 '참지식'에 해당되고, 이를 제외한 지식이나 앎이라고 불리는 모든 것들은 '무지'(ignorance)다. 또한 메허 바바는 참지식인 'Knowledge'와 세속적인 지식인 'knowledge'를 대문자, 소문자로 구별하여 쓴다.

* 천지창조, 창조세계 (Creation)

천지만물. 창조주인 신이 창조한 현상세계 전체. 현상 세계의 시간과 공간을 포함한 모든 것. 일체 만물과 모든 현상을 통틀어 천지창조(창조세계)라고 한다.

* 초월 상태 (Beyond State)

시간과 공간을 초월하는 신의 상태. 실재를 체험하는 무한한 의식의 상태. 그 위가 없는 가장 높은 의식의 상태. 이 상태는 그 어떤 표현으로도 설명할 수 없으며, 어떤 개념이나 상상으로도 접근할 수 없기에 '초월 상태'라고 한다.

* **카르마 (karma)**

작용과 반작용의 법칙. 한 사람이 전생에 했던 행위들의 결과로 자연적, 필연적으로 일어나는 현생의 일들.

* **쿠툽 (Qutub)**

지구상에 항시 존재하는 5명의 '완벽한 스승' 중 최고 책임자. 현상세계의 총책임자. '중심축'이란 의미를 지님. 쿠툽의 임무는 아바타(신)의 대리자로서, 모든 의식의 경지에서 일체 만물과 일체 현상을 총괄하는 것이다. 메허 바바에 의하면, 사이바바(Sai Baba)와 라마크리슈나(Ramakrishna)가 살아있는 동안 각각 한때에 쿠툽의 역할을 맡았다고 한다.

* **투카람 (Tukaram)**

17세기 인도의 성자이자, 박티 요가의 주요 인물. 인도의 푸나에서 태어나 박티(신에 대한 사랑)를 노래한 하층 카스트에 속한 대중적인 시인. 메허 바바는 '투카람이 완벽한 스승'이라고 말했다.

* **파라마트마 (Paramatma)**

대영혼(大靈, Oversoul). 지고의, 우주적인 영혼. 하나님(하느님). 비유적으로 바다 안의 각각의 물방울들을 '아트마'라고 한다면, 거대한 바다 전체를 '파라마트마'라 할 수 있다.

* **파라마한사 (Paramhansa)**

가끔은 신에게 완전히 흡수되고, 또 다른 때는 현상세계를 의식하는 완벽한 이(Perfect One). '완벽한 이'란, 인간의 형태로 있으면서 신성을 실현하고 완전함에 도달한 이.

* 표면적, 현상적, ~ 듯한 (apparent)

있는 듯 하지만 실제로 존재하지 않는 현상세계의 일체 내용. 어떤 일이 벌어지는 듯 하지만 꿈과 같이, 자체적인 존재성이 없는.

• 반대말 : IS, 존재하다, 있다, 있는 그대로 있다, 현존하다, 실재하다, 자체적 존재성을 갖추고 있다.

* 하피즈 (Hafiz)

완벽한 스승이었던, 중세의 페르시아 시인. 메허 바바가 가장 좋아한 영적 시인.

* 항복 (surrender)

메허 바바의 가르침에서 '항복'이란 신, 아바타 또는 완벽한 스승에게 자신의 모든 것을 바치고 맡기는 것이다. 자신의 모든 것을 바친다는 것은 재산이나 세속적 성취, 가족 뿐 아니라 자신의 자유의지나 영적 진보, 몸이나 목숨마저도 모두 신의 뜻에 내맡기는 것을 말한다. 즉, 신적 깨달음을 비롯한 그 어떤 것도 신(아바타)에게 요구하거나 바라지 않는 것, 모든 소망을 신(아바타) 앞에 내려놓는 것을 뜻한다.

" 항복은 그 무엇도 추구하지 않는다. " - 메허 바바

* 화신 (God in human form, God personified)

인간의 몸으로 온 신. 인간의 형상으로 현상세계 속에 내려온 화신(化身). 크리슈나, 부처, 예수 등 아바타와 동일한 의미. 아바타의 정체.

* 4경지 (fourth plane)

4경지는 기적 영역의 마지막 단계로서 정신적 영역으로 가는 문지방이며, 기적 영역과 정신적 영역의 접점에 자리한다고 볼 수 있다.